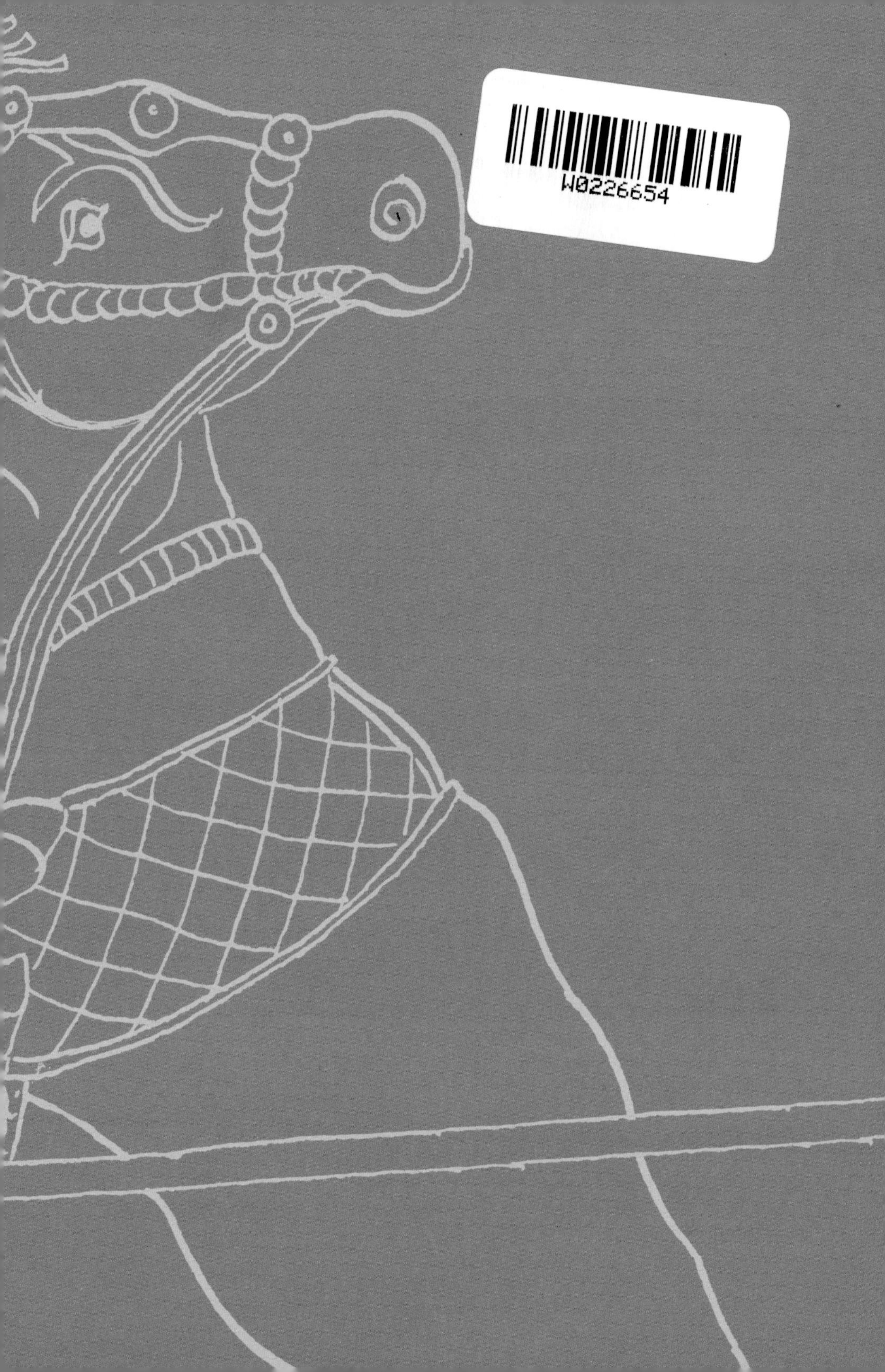

Text
Horst Künnemann, geboren 1929 in Berlin, war Lehrer und ist Kritiker, Autor, Honorarprofessor und Weltenbummler. Er lebt in Hamburg und gehört zu den prägenden Persönlichkeiten der deutschsprachigen Kinder- und Jugendbuchszene.

Illustration
Daniela Kirchlechner, geboren 1965, studierte Visuelle Kommunikation in Augsburg, Wien und Berlin. Sie verantwortet seit 1996 als Creative Director die Kommunikation großer Kulturinstitutionen und internationaler Auftraggeber. Als Illustratorin hat sie bereits mehrere Bücher veröffentlicht.

Wer war ...?

Alexander der Große

Horst Künnemann

Verlagshaus Jacoby Stuart

Inhalt

Der Vergleich mit dem Alexandermosaik (siehe folgende Doppelseite) ergibt:
So muss Alexander wirklich ausgesehen haben.

Unser Bild eines Helden

Alexander in der Schlacht

Das Bild ist alt, sehr alt. In ihm spiegeln sich Leben und Tod. Von links her reitet ein Mann ohne Helm heran, mit dunklem Haar und weit aufgerissenen Augen. Sein Oberkörper ist von einem schön verzierten Brustpanzer bedeckt, unter dem ein kurzer Rock hervorschaut.

Von seinem sich aufbäumenden Kampfross sind nur der Kopf, kostbares Zaumzeug und eine geflochtene Mähne zu erkennen. Der Reiter hält einen Speer in der Rechten, mit dem er einen Gegner mit Kapuze und wallendem Gewand durchbohren wird. Dessen schwarzes Pferd ist schon zusammengebrochen. Hinter und neben ihm sind ähnlich gekleidete Kämpfer mit ihren Schilden und Pferden zu sehen. Schwertspitzen und gereckte Lanzen ragen auf. Wer genau zählt, kommt auf sechzehn Lanzenspitzen. Ein bärtiger Mann sticht aus der Gruppe hervor. Auch er trägt eine Kapuze. Sein Blick ist entsetzt auf den Angreifer gerichtet. Während sein rechter Arm noch erhoben ist, klammert sich die Linke schon an seinen Kampfwagen, gezogen von drei schwarzen Rössern.

Auf dem Bild herrscht Krieg. Doch wer kämpft hier gegen wen? Was verraten uns die unterschiedlichen Waffen und Kleidungsstücke? Das Mosaik, aus Tausenden kleinen, farbigen Steinen zusammengesetzt, stammt aus dem ersten Jahrhundert nach Christi Geburt. Es ist die Kopie eines griechischen Gemäldes aus dem dritten Jahrhundert vor Christus.

Das Mosaik trägt den Titel „Alexander der Große im Kampf ge-

gen die Perser". Der Mann, der vom Speer durchbohrt wird, könnte Oxathres sein, der Bruder des persischen Großkönigs Dareios. Dareios ist der von Entsetzen gepackte Krieger rechts auf dem Wagen. Vielleicht sehen wir die Schlacht von Issos in Kleinasien, vielleicht aber auch die Schlacht von Gaugamela, weiter östlich, am oberen Tigris. Beide Male floh der König der Perser vor Alexander dem Großen, dem Anführer der Griechen.

Alexander führte viele Jahre Krieg und eroberte ein Weltreich. Er gilt als einer der großen Helden der Geschichte.

Was hat ihn so groß gemacht?

Ein Kind der Götter?

Am Hof von Pella

Alexander wurde 356 vor Christi als Thronfolger Makedoniens* geboren. Er war das erste Kind von König Philipp II. und seiner Frau Olympias, einer Prinzessin aus Epirus. Philipp brauchte einen männlichen Nachfolger, dem er eines Tages den Thron vermachen konnte. Wurde dieser Thronfolger nicht rasch geboren, konnte der König eine weitere Frau heiraten. Das war damals nicht unüblich, und Philipp II. war insgesamt sieben Mal verheiratet.

Olympias galt als temperamentvoll und leidenschaftlich, und so waren Streit und Eifersucht zwischen den Eheleuten an der Tagesordnung. Die Königin soll unberechenbar und rachsüchtig gewesen sein. Doch einer solchen Einschätzung ist mit Vorsicht zu begegnen, denn alle Geschichtsschreiber der Vergangenheit waren Männer, denen stolze oder, wie wir heute sagen, „emanzipierte" Frauen eher unheimlich und beängstigend erschienen. Olympias war davon überzeugt, direkten Kontakt zum Göttervater Zeus zu haben. Philipp wiederum nahm für sich in Anspruch, ein naher Verwandter der Helden Herakles und Achill* zu sein. Olympias hatte davon geträumt, der Göttervater Zeus habe sich ihr als Schlange genähert. Solche Träume und Prophezeiungen vor der Geburt Alexanders bestätigten die Eltern in ihrem Glauben, ihr Kind sei ein gottähnliches Wesen.

Die mit einem * bezeichneten Worte werden im Anhang „Wichtige Namen, Orte und Begriffe" (S. 114) erläutert

Auf dem Dach des Palastes saß bei der Geburt Alexanders ein Adler.

Vater und Mutter hielten den Sohn für auserwählt, dazu bestimmt, herausragende Taten zu vollbringen. Olympias' Glaube an Alexanders übermenschliche Bestimmung mögen diesen darin bestärkt haben, sich später immer wieder von Sehern* und Orakeln* Ratschläge geben zu lassen. Philipp verlangte, der Junge müsse sich so früh wie möglich als wehrhaft erweisen und lernen, alle nur erdenklichen Entbehrungen zu ertragen. In allem hatte Alexander der Beste zu sein, alle musste er übertrumpfen. Das Leben war Kampf, nur zu oft Krieg, und den konnte nur überstehen, wer sich nach Kräften zu wehren verstand, andere niederrang und besiegte.

Die Erziehung des Königssohns in den ersten Jahren war vor allem sportlich und spielerisch. Seine Gegner im Wettrennen, Springen, Speerschleudern und Diskuswerfen waren enge Freunde und Spielgefährten am Hof. Die Jungen übten sich gemeinsam im Umgang mit Lanzen, Spießen und Dolchen. Wichtig war es auch, sich mit den großen Jagdhunden zu vertragen, und noch wichtiger, keine Angst vor Pferden zu haben! Es verlangte Geschick, Kraft und Mut, sich einem Ross zu nähern, sich gar ohne Sattel auf seinen Rücken zu schwingen.

König Philipp hielt sich wenig am Hof in Pella auf; immer wieder befand er sich auf Kriegszügen. Makedonien war ein kleiner Staat im Norden Griechenlands und musste an allen Grenzen verteidigt werden. Im Norden drohten die Illyrer. Philipp kämpfte sie nieder und verfolgte sie bis zur Donau. Jenseits der Donau lauerte das Reitervolk der Skythen, die nur darauf warteten, dass Philipp und das makedonische Heer Schwächen zeigten. Auch gegen die feindselig gestimmten Thraker waren die Makedonen siegreich. Wichtig war es zudem, eine eigene makedonische Flotte zu bauen. Sie wurde gebraucht, um gegen die übermächtige Seemacht der

Athener im ägäischen Meer aufzutrumpfen. Südlich von Makedonien drohten die Thessalier. Philipp wollte sie besiegen und ihre Streitkräfte in das makedonische Heer eingliedern.

Der mächtigste Gegner der Makedonen aber war das Weltreich der Perser.

Während der langen Abwesenheit des Vaters machte Alexanders Ausbildung weiter Fortschritte, denn Philipp holte die besten Lehrer für ihn ins Land. Bei Leonidas und Lysimachos lernte Alexander Lesen und Schreiben, Gesang und Instrumentalspiel. Auch Geometrie, Geologie und die Kunde von fremden Ländern standen auf dem Stundenplan.

Zu Alexanders Lehrern gehörte der griechische Philosoph Aristoteles. Aristoteles lehrte seinen Schüler, größere Zusammenhänge zu erfassen und Weisheit bei Streitigkeiten walten zu lassen. Alexander studierte mit ihm die berühmten Theaterstücke von Aischylos, Sophokles und Euripides. Er sollte tüchtig, ein Vorbild für andere sein und selbst gesteckte Ziele erreichen. Interesse an der Kunst sollte er gewinnen, Neugierde auf Nahes und Fernes hegen und den Göttern und Helden nacheifern. Von seinen Lehrern erfuhr Alexander von den Helden der Vergangenheit und von ihren Kriegen und Meerfahrten, die der Dichter Homer in der *Ilias** und der *Odyssee** beschrieben hatte.

Beide Heldenlieder vom Trojanischen Krieg und seinen Folgen hafteten fest im Bewusstsein aller griechischen Kinder. Sie erschienen ihnen als gesicherte Geschichte, die sich tatsächlich ereignet hatte. Und so ließ Alexander später, nachdem er mit seinen Soldaten in Kleinasien gelandet war, an den Schauplätzen der *Ilias* und an den Gräbern der großen Helden Opfer bringen und feierliche Umzüge veranstalten.

Zur Ausbildung der Heranwachsenden gehörten verschiedene sportliche Übungen, so Wettläufe und Weitsprung, Faustkämpfe und Reiten. In Friedenszeiten konnten als männlich geltende

Alexander wird von Aristoteles unterrichtet.

Fertigkeiten vor allem auf der Jagd eingeübt werden. In den Bergen und Wäldern Makedoniens hausten Hirsche, Bären, Wildschweine, Wölfe. Auf den weiten Ebenen bewegten sich damals auch Löwen! Als Mann wurde nur anerkannt und durfte deshalb beim Gastmahl liegen, wer wenigstens einen wilden Eber mit dem Speer getötet hatte; alle anderen mussten beim Essen stehen. Erhalten sind Vasenbilder und Mosaiken, die zeigen, wie sich der junge Alexander mutig mit dem Speer einem angreifenden Löwen nähert. Besonders eindrucksvoll ist ein Wandbild im Grab Philipps II.: Es zeigt eine Hetzjagd auf drei Löwen. Hunde und

Jäger haben die großen Raubkatzen gestellt, Reiter mit Speeren sind bereit zum Angriff. Einer von ihnen soll Alexander sein.

Eine erste Ahnung von den ungewöhnlichen Fähigkeiten des Jungen bekamen seine Zeitgenossen, als den Angehörigen des Hofes von Pella ein scheinbar unbezähmbares Pferd vorgeführt wurde. Niemanden ließ es auf seinen Rücken und hatte noch jeden Versuch, es zu bändigen, mit wildem Aufbäumen beantwortet. Der zwölf Jahre alte Alexander hatte das Tier genau beobachtet und fragte seinen Vater, ob er versuchen dürfe, es zu reiten. Philipp ließ ihn gewähren. Der Junge trat auf das Pferd zu, sprach leise und beruhigend auf es ein, ging einige Schritte neben ihm her und packte es dann an der Mähne. Das Pferd bockte nicht, versuchte auch nicht, den Reiter abzuwerfen, als der sich in einem günstigen Moment auf seinen Rücken schwang. Ruhig drehten Ross und Reiter ihre Runden. Das Geheimnis der Zähmung: Alexander hatte gesehen, dass das Pferd vor seinem eigenen Schatten zurückscheute. Er hatte es aus der Sonne herausgeführt, besänftigt und so gebändigt.

Bukephalos wurde das Lieblingsross Alexanders und sollte ihn auf seinem Eroberungszug bis nach Indien begleiten.

Alexander wuchs mit Kindern des makedonischen Adels heran. Gemeinsam lernten und spielten sie, übten sich an den Waffen und begleiteten ihre Väter zur Jagd. Einige dieser Gefährten aus Kindestagen blieben Alexander auch als Erwachsene verbunden und standen ihm auf seinen Feldzügen zur Seite. Zu ihnen gehörten Hephaistion und vor allem Kleitos, der ihm in der Schlacht am Granikos das Leben retten sollte. Schon in der Kindheit war die Verbindung zwischen Alexander und Kleitos so eng gewesen, dass sie sich nach den Helden des Trojanischen Krieges „Achill“ und „Patroklos“ nannten.

Mit seinem Vater verband Alexander keine große Zuneigung. Dass Olympias und Philipp Zeit ihres Lebens in Zank und Hass, Streit und Eifersucht miteinander lebten, konnte dem Sohn nicht entgehen. Nicht nur, dass Philipp sich mehr auf Kriegszügen aufhielt als an seinem Hof; eine Frau genügte dem König nicht. Er wollte eine Jüngere heiraten. 337 nahm er die junge schöne Kleopatra, die Nichte eines seiner Feldherren, zur Frau. Bei den Hochzeitsfeierlichkeiten geriet Alexander mit seinem betrunkenen Vater und dessen Gästen in Streit. Ein Verwandter der Braut verhöhnte Alexander und stellte seine Thronfolge in Frage: Auch die neue Frau würde Kinder mit Philipp haben, und was würde dann aus ihm, Alexander, was aus seinem Anspruch auf den Thron? Nur mit Mühe konnten die Palastwachen Alexander von dem Spötter trennen, als er ihm sein Schwert in den Leib stoßen wollte.

Philipp verbannte Olympias, und Alexander folgte seiner Mutter in ihre Heimat, nach Epirus. Zwar versöhnten sich Vater und Sohn bald wieder, aber bis zu Philipps Tod blieb ihr Verhältnis kühl. Es wurde sogar behauptet, dass Alexander an der Ermordung seines Vaters beteiligt gewesen sei. Ein Jahr nach der Hochzeit mit Kleopatra wurde Philipp von einem Höfling erstochen.

Mit vierzehn war Alexander Stellvertreter seines Vaters in Makedonien geworden. Mit sechzehn hatte er einen Teil der makedonischen Reiterei in der Schlacht von Chaironeia befehligt, und mit zwanzig Jahren war seine Jugend zu Ende. Er war jetzt Herrscher von Makedonien.

Alexander als Heerführer

Über den Hellespont

Zur Zeit Alexanders des Großen gab es keinen einheitlichen griechischen Staat, sondern eine Vielzahl von Klein- und Stadtstaaten, die durch ihre gemeinsame Sprache, Kultur und Religion verbunden waren. Makedonien war ein Königreich im Norden Griechenlands. Wir wissen, dass der makedonische Dialekt für viele Griechen fremd klang und die Makedonen ihnen als „Barbaren", also als unzivilisiert galten.
König Philipp war es jedoch gelungen, das Königreich Makedonien zur stärksten Militärmacht der Region zu machen. 338 v. Chr. hatte er bei der Schlacht von Chaironeia die griechischen Städte unter der Führung Athens* besiegt und sie gezwungen, ein Bündnis unter seiner Herrschaft einzugehen. Alle griechischen Stadtstaaten – mit Ausnahme von Sparta* – gehörten diesem „Korinthischen Bund"* an. Und Philipp wollte, so sein großer Plan, mit Hilfe des Korinthischen Bundes das Reich der Perser angreifen. So wollte er eine Kampfgemeinschaft von Makedonen und Griechenstädten zusammenschweißen, denn Persien war aller gemeinsamer Feind.

An Persien und seine Bewohner dachten die Makedonen und die benachbarten Griechen nur mit Schrecken. Gerade einmal 150 Jahre war es her, seit die gewaltigen Heermassen der Perser Griechenland mit Krieg überzogen hatten. Während dieser Perserkriege war der persische Herrscher und Heerführer Xerxes die von Griechen besiedelten Küsten Kleinasiens entlanggezogen,

hatte viele griechische Inseln besetzt und war schließlich in das griechische Kernland vorgedrungen.
Die Menschen waren geflohen und hatten den Persern ihre leeren Siedlungen und Städte, darunter auch Athen, zur Plünderung und Zerstörung überlassen. Wo die persischen Truppen nur abgeerntete Felder und leere Häuser fanden, legten sie Feuer und brannten auch die Tempel der Götter nieder. Die Männer wurden getötet, Frauen und Kinder aber in die Sklaverei geführt. Als den Griechen schon der Untergang sicher schien, halfen List, Kriegsglück, Kampfgeschick (und die Götter?), das Schlimmste abzuwenden: In einer Schlacht unweit von Athen, auf dem Feld von Marathon, wurde 490 v. Chr. das persische Heer von den zahlenmäßig unterlegenen Griechen geschlagen. In der Seeschlacht bei Salamis 480 v. Chr., ebenfalls nahe Athen, wurde die persische Kriegsflotte mit ihren von den seeerfahrenen Phöniziern gestellten Schiffen von den ungleich schwächeren Griechen durch trickreiche Manöver besiegt.
Xerxes hatte der Seeschlacht hilflos vom Ufer aus zugesehen. Er musste sich geschlagen geben und wieder nach Asien zurückkehren. Für ihn war dies eine unangenehme Schlappe an den Grenzen seines Reiches, für die Griechen aber war es eine Rettung aus Todesgefahr. Und die Erinnerungen daran blieben wach. Jedes Kind in Griechenland und Makedonien wusste: Persien war gleichzusetzen mit Bedrohung und Gefahr. Und die „Barbaren“ konnten jederzeit wiederkehren.

Philipp war ermordet worden und hatte den geplanten Schlag gegen die Perser nicht mehr führen können. Als ihm im Jahre 336 v. Chr. der erst zwanzig Jahre alte Alexander auf den Thron folgte, rührte sich bei vielen Griechen der Geist des Aufruhrs. Sie wollten den Machtwechsel nutzen, um die Vorherrschaft der Makedonen abzuschütteln. An dieser Haltung änderte sich auch wenig, als Alexander von den Vertretern des Korinthischen Bundes den Rang eines „Strategos“, eines Feldherren aller Griechen, zuerkannt bekam.

Geschickt versuchten die Perser, griechische Verbündete zu werben, um die Macht der Makedonen zu schwächen. Dareios III., der neue persische Großkönig, ließ den Athenern heimlich Geld zukommen. Alexander wusste von den Bestrebungen innerhalb des Korinthischen Bundes, die Vorherrschaft der Makedonen zu brechen, doch vorerst musste er sich darum kümmern, die rebellischen Nachbarn im Norden, voran die Illyrer, niederzuhalten. Er brach mit einem Heer nach Norden auf und gewann dort erste Schlachten. In Griechenland aber verbreitete sich das Gerücht, Alexander sei im Kampf gefallen. Schon muckten die unzufriedenen Thebaner auf, setzten die makedonische Besatzung auf ihrer Burg fest und hielten nach Verbündeten Ausschau. Eine athenische Armee eilte den Thebanern zu Hilfe. Als Alexander vom Aufruhr der Thebaner erfuhr, beendete er die Kämpfe in Illyrien und zog rasch südwärts vor die aufständische Stadt. 386 Kilometer legten er und seine Truppen in dreizehn Tagen zurück! Das hatte niemand für möglich gehalten. Das Hilfsheer der Athener griff nicht ein, sondern wartete ab, wie der Konflikt ausgehen würde.

Es zeigte sich, dass Alexander nicht nur von rascher Entschlusskraft war, sondern auch nicht davor zurückschreckte, mit erbarmungsloser Gewalt gegen Feinde und jeden Widerstand vorzugehen. Zuerst versuchte er noch, gütlich und durch Verhandlungen die Thebaner zur Aufgabe zu bewegen: Wenn sie ihm die Anstifter der Rebellion auslieferten, wolle er Gnade vor Recht ergehen lassen. Die Thebaner lehnten ab und schicken Reiter und Fußvolk gegen die Makedonen vor. Eine makedonische Truppe stellte sich ihnen entgegen und drängte durch das noch offene Stadttor. Alexander rückte mit weiteren Kriegern nach. Reiter und Bogenschützen zu Fuß folgten, und da die Stadtmauern von Theben* nur spärlich

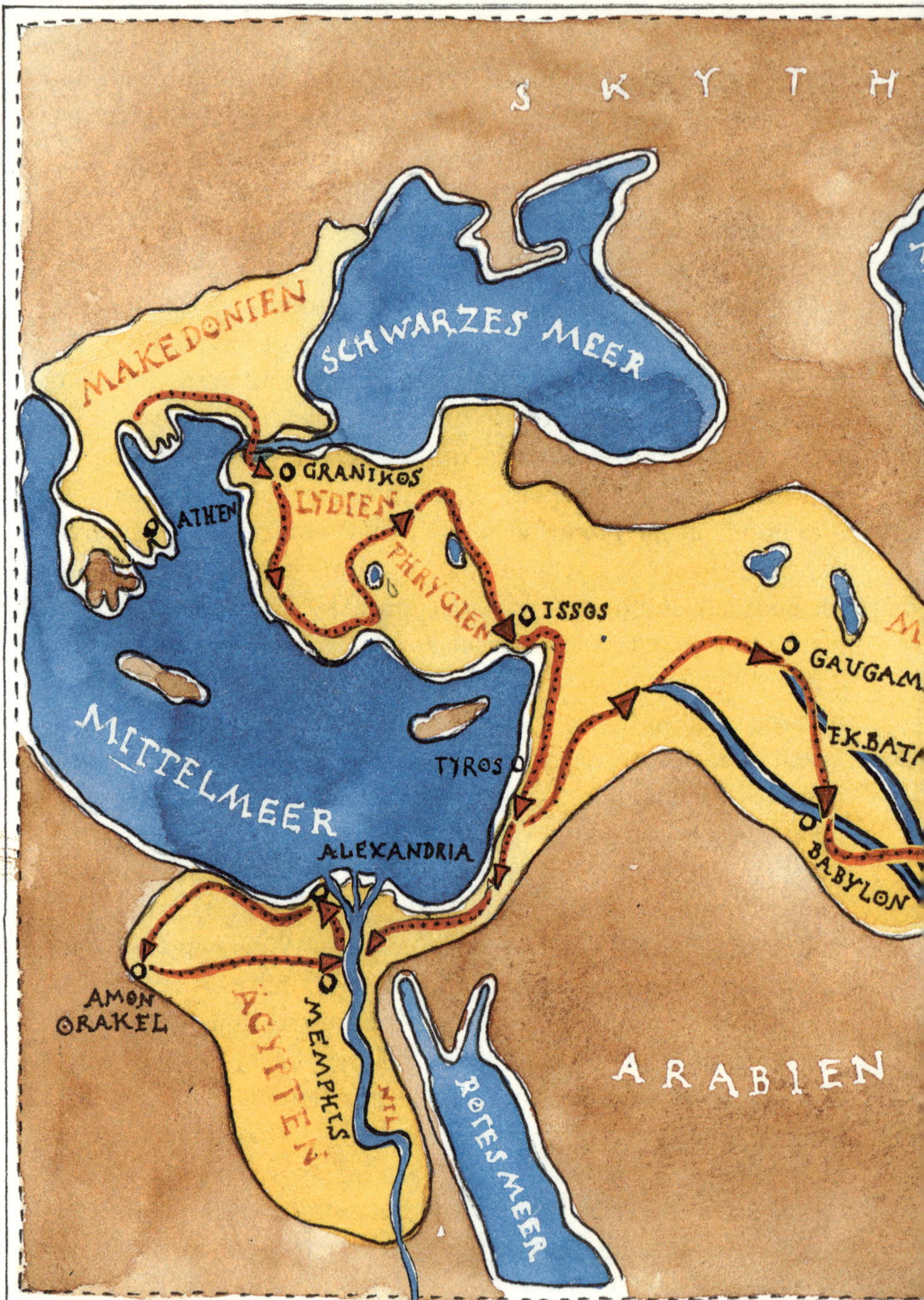
SKYTH
MAKEDONIEN
SCHWARZES MEER
GRANIKOS
LYDIEN
ATHEN
PHRYGIEN
ISSOS
GAUGAM
MITTELMEER
EKBATA
TYROS
ALEXANDRIA
BABYLON
AMON ORAKEL
ÄGYPTEN
MEMPHIS
NIL
ROTES MEER
ARABIEN

WELTREICH ALEXANDERS
JAXARTES
OXOS
BAKTRIEN
GRANDHARA
PARTHIEN
KABUL
INDUS
HYPHASIS
INDIEN
PASARGADAI
PERSEPOLIS
PERSIA
FAHRT DES NEARCHOS
INDISCHER OZEAN

oder gar nicht mehr besetzt waren, drangen die Makedonen rasch bis auf den Markt der Stadt vor. Die thebanischen Krieger mussten erkennen, dass sie nicht mehr siegen konnten. Nur Reiter und schnellere Fußsoldaten konnten sich noch aus der Stadt retten.
In Theben begann nun ein entsetzliches Gemetzel.
6000 Krieger, so heißt es, wurden erschlagen. Auch Frauen und Kinder, die sich in die Tempel gerettet hatten, wurden getötet. Alexander hielt nach dem Sieg kurz Rat mit seinen Befehlshabern und Verbündeten. Dann stand fest, dass die Stadt bis auf wenige Tempel und das Haus des von allen Griechen verehrten Dichters Pindar zerstört, die Festung geschleift werden sollte. Die Überlebenden wurden in die Sklaverei verkauft.
Eine Episode ist noch nachzutragen: Eine reiche Thebanerin, Timoklea, wurde Alexander vorgeführt. Sie war angeklagt, einen makedonischen Offizier, der ihr Gewalt angetan hatte, umgebracht zu haben. Als der Mann sie zwingen wollte, ihm Geld und Schmuck auszuliefern, hatte sie ihn in einen Brunnen gelockt und ihn, als er in die Tiefe stieg, von oben mit Steinen getötet.
Alexander begnadigte Timoklea.
Gnade vor Recht ließ Alexander auch gegenüber den wankelmütigen Athenern walten. Sie durften die wenigen überlebenden freien thebanischen Bürger aufnehmen.
Im Herbst 335 kehrte Alexander nach Makedonien zurück. Er war sich nun der Gefolgschaftstreue der griechischen Stadtstaaten sicher und konnte darangehen, ein Heer aufzustellen: gegen Persien. Er wollte den Hellespont* überqueren, nach Kleinasien vordringen und die Perser besiegen!

Die Armeen der Griechen und Makedonen galten zu ihrer Zeit als hervorragend ausgerüstet und kampfstark. Jeder Krieger hatte für seine Ausrüstung selbst zu sorgen. Leder- und Metallteile waren vor Nässe zu schützen. Kleidung und Waffen mussten lange Feld-

züge und härteste Belastungen während des Anmarsches und der Schlachten aushalten, auch wenn Staub und Hitze dem Material zusetzten.
Schauen wir einem Krieger bei seinen Vorbereitungen zu: Den Oberkörper bedeckte er mit einem durch aufgenähte Metallschuppen verstärkten Lederpanzer, der aussah wie die Haut einer Echse oder Schlange. Der Panzer schützte Brust, Bauch und Rücken vor Pfeilschüssen und Schwerthieben. Darunter trug der Krieger Polster oder weiche Hemden. Unter dem Panzer schaute das untere Teil des Körperhemds wie ein Rock hervor, der bis zu den Knien reichte. Die Unterschenkel des Kriegers wurden vorn durch metallene Schienen geschützt. An den Füßen trug er lederne Sandalen, die mit Riemen über den Knöcheln festgebunden wurden. Über den Kopf stülpte er sich einen Helm aus Eisen oder Bronze, von dem Metallplättchen zum Schutz der Ohren herabhingen. Ein Metallband reichte auch über den Nasenrücken. Je nach Rang und Ansehen des Soldaten prangten auf seinem Helm Schmuck aus Federn oder Rosshaar.
Einmal angezogen, griff der Soldat zu seinen Waffen. In den Gürtel steckte er einen Dolch und ein kurzes Schwert für den Nahkampf. Eine Hand hielt den kurzen Wurfspeer, die andere den auch am Arm befestigten Schild. Wenn er allerdings in geschlossener Formation gegen heranstürmende Feinde vorging, trug er eine drei bis fünf Meter lange Lanze. Mit ihren dicht nebeneinander gehaltenen Schilden und diesen langen Lanzen bildeten die Krieger eine kaum zu durchbrechende, waffenstarrende Mauer – die Phalanx.
Natürlich hatten die Griechen wie ihre Gegner Kampf- und Schlachtrufe, um sich gegenseitig anzustacheln, sich Mut zu machen und den Feind in Angst und Schrecken zu versetzen. Dazu schlugen sie vermutlich mit ihren Schwertern auf ihre Schilde ein. Überhaupt der Schild: Er war rund oder eckig und schützte den Körper seines Trägers. Beim Nahkampf, Mann gegen Mann, diente er als Abschirmwaffe, während das Schwert zum Zuschlagen da war.

Zur griechischen und makedonischen Armee gehörten neben den schwer bewaffneten Kriegern der Phalanx auch leicht bewaffnete Kriegsknechte, die Reitern und Fußsoldaten Teile der Ausrüstung tragen halfen. Hinter den Truppen zogen Trosswagen, die während langer Märsche Verpflegung, Trinkbehälter und schwere Lasten transportierten.
In der Schlacht stellten sich die Krieger in mehreren genau ausgerichteten Reihen auf; bis zu sechzehn Reihen tief waren ihre Gruppen gestaffelt. Die Krieger mit ihren gefällten Lanzen bildeten so die gefürchtete Phalanx. Die Männer in der dritten Reihe hatten die längsten Lanzen. Sie legten ihre Waffen über die Schultern der

Eine Phalanx mit gefällten Lanzen

Krieger der beiden vorderen Reihen. Die Kämpfer in der Phalanx, die Hopliten waren besonders gut trainierte Krieger, die nicht nur im Verband, sondern auch einzeln kämpfen konnten. Sie waren berüchtigt für ihre Härte. Auch ohne ihre Lanzen, bewaffnet mit Dolch, Schwert, Speer und Schild, waren sie rasch und beweglich einzusetzen.*

Philipp II. hatte die traditionelle Kampftaktik der Griechen, in deren Zentrum die Phalanx stand, reformiert. Neben der Phalanx rückten nun bei Schlachten auch schwer bewaffnete Reiterverbände vor. Links und rechts von ihnen sammelten sich leichter bewaffnete Bogenschützen. Noch leichter ausgerüstet waren die Plänkler. Sie

eilten voraus und erkundeten – zusammen mit leicht bewaffneten Reitern und unbewaffneten Kundschaftern –, wo der Gegner stand. Alexander hatte schon in seiner Jugend im makedonischen Heer gekämpft und in der Schlacht von Chaironeia eine eigene Reitertruppe befehligt. Als er sich nach dem Tod des Vaters auf eine starke Heeresmacht stützen konnte, wusste er bereits, wie er seine Truppen einsetzen musste.

334 war es so weit: Alexander wollte die Perser angreifen. Vor dem Sprung über die Meerenge des Hellespont versammelte er seine Truppen am Ufer. 32 000 Fußsoldaten sollen es gewesen sein, dazu 1000 Bogenschützen und mehr als 5000 Reiter – eine bunt gemischte Armee aus Makedonen, Griechen, Illyrern, Thessalern und Thrakern, die sich untereinander jedoch leidlich auf Griechisch verständigen konnten.
Die Flotte, die Alexander und seine Soldaten auf die andere Seite des Hellespont übersetzen sollte, war klein im Verhältnis zur persischen. Zu sechzig makedonischen Schiffen stießen noch 160 des Korinthischen Bundes. Aber die Meerenge war nicht breit, und die Perser waren sich der Gefahr, die ihnen drohte, noch nicht bewusst geworden.
Mit dem Heer musste ein starker Begleittross hinüber nach Kleinasien geschafft werden: Wagen und Reitknechte, Zahlmeister, Schrittzähler, Landvermesser, Straßenbauer und Ingenieure für Brücken- und Maschinenbau, Zimmerleute für den Schiffbau, Ärzte aus der nächsten Umgebung des Königs, Gelehrte und Naturwissenschaftler, die das zu erobernde Land erforschen sollten.

Alexander hatte den Göttern geopfert und ihren Segen erbeten. Während der Überfahrt stand er am Bug des ersten Schiffes, das an das kleinasiatische Ufer stieß. Zuvor war ein Trankopfer aus Wein verschüttet, ein Stier für den Meeresgott Poseidon geschlach-

Der Speer war eine Waffe, mit der Alexander meisterhaft umzugehen wusste.

tet worden. Ehe Alexander den Fuß auf feindlichen Boden setzte, schleuderte er seinen Speer darauf – eine symbolische Handlung dafür, dass er gedachte, das vor ihm liegende Land in Besitz zu nehmen.

Nach der Landung wurden weitere Opfer gebracht. Dann zog Alexander an die Gräber von Achill und Patroklos, den unzertrennlichen Helden von Troja. Alexander trug die Schriftrolle mit Homers *Ilias* ständig bei sich und soll sie jede Nacht als Ansporn zu eigenen Heldentaten in einem Kasten unter dem Kopfkissen verwahrt haben. Er war nun in Kleinasien, dort, wo der zehn Jahre währende Belagerungskrieg gegen Troja stattgefunden hatte! Und er wollte Persien besiegen, das damals mächtigste Reich der Erde.

Makedonien und Griechenland grenzten ans Meer. An den langen Küsten waren sehr früh Häfen entstanden. Anfangs hielten sich die Schiffe mehr in der Nähe der zerklüfteten Küsten und steuerten nicht auf hohe See hinaus. Meistens wurden sie gerudert, kleine Hilfssegel erleichterten die harte Arbeit an Bord.
Je mehr Städte und Häfen wuchsen, desto größer wurden auch die Schiffe. Und da ewig Zank und Streit zwischen den griechischen Stadtstaaten herrschte, wurden bald auch Kriegsschiffe benötigt: kleinere, wendige, und größere, bei deren Anblick die Gegner beeindruckt waren. Die größten Schiffe waren bis zu dreißig Meter lang und hatten bis zu hundertsiebzig Mann Besatzung.
Wie diese Schiffe aussahen, wissen wir ziemlich genau von erhaltenen Reliefs und Vasenbildern. Wie sie gebaut wurden, lässt sich nur anhand von Bildern und Schiffswracks rekonstruieren. Griechenland war im Altertum noch stark bewaldet; für den Schiffsrumpf und die Aufbauten wurden die Hölzer gefällter Bäume an die Küste geschafft. Seit den Perserkriegen verfügten die Athener unter den Staaten Griechenlands über die stärkste Flotte von Bi- und Triremen*, Schiffen, die auf je zwei oder drei übereinander liegenden Bankreihen gerudert wurden. Diese Arbeit verrichteten Bürger, die zum Kriegsdienst eingezogen worden waren. Erst in späterer Zeit wurden die Kriegsschiffe von Sklaven gerudert.*
Was die griechischen Kriegsschiffe besonders gefährlich machte, war ein unter der Wasseroberfläche liegender, mit Kupfer beschlagener Rammsporn am Bug. Bei Seeschlachten mussten die Schiffe geschickt so manövriert werden, dass der Gegner beim Zusammenprall vom Bugsporn getroffen wurde.

Schlagt die Barbaren!

Der Sieg am Granikos

Persien – lange vor unserer Zeitrechnung wurde das Land von mächtigen Königen beherrscht. Sie regierten anfangs nur in dem Gebiet, das wir heute Iran nennen. Einer der ersten bedeutenden persischen Könige war Kyros. Er besiegte und unterwarf im 6. Jahrhundert v. Chr. die Lyder und Babylonier, und sein Herrschaftsbereich erstreckte sich von Indien bis Kleinasien. Als die Perser damals die westlichen Küsten der heutigen Türkei erreichten, waren sie den Griechen bedrohlich nahe gerückt. Zum persischen Reich gehörten nun ganz unterschiedliche Völker – Stadtbewohner, Bauern und nomadische Stämme mit verschiedenen Sprachen und Traditionen. Es war staunenswert, was Kaufleute und Händler über das große Reich im Osten zu berichten wussten: Weit und schier unendlich erstreckten sich steinige Steppen und von der Hitze ausgedörrte Wüsten. Hohe Bergmassive wuchsen in den Himmel, viele von ihnen schneebedeckt. Nur wenige Flüsse und Wasserläufe gab es, aber Seen, die überirdisch blau und grün schimmerten. Doch nicht einmal die seltsamen Tiere mit dem Höcker auf ihrem Rücken und den breiten Füßen mochten aus ihnen trinken, denn das Wasser enthielt zu starke Beimengungen von Salz und Soda. Bedürfnislos waren diese Geschöpfe, sie kamen beinahe eine Woche lang ohne Wasser aus. Bis zu drei oder gar fünf Zentnern Last konnte jedes Tier schleppen und fünfundvierzig Kilometer am Tag zurücklegen.

Auf den geebneten Wegen und Verbindungsstraßen waren Botschaften durch Läufer und Berittene rasch zu transportieren. An den wichtigsten Strecken lagen Poststationen. Dort konnten sich Läufer

Mischwesen aus verschiedenen Tieren, in Stein gehauen oder aus bunt glasierten Ziegeln zusammengesetzt, schmückten die persischen Paläste.

und Reiter erholen, frische Kräfte sammeln und Pferde oder Rennkamele wechseln. Die 350 Meilen lange Strecke zwischen Susa und Sardes wurde in zehn Tagen zurückgelegt!
Ein solch riesiges Reich war nur durch strenge Gesetze regierbar. Die zentrale Regierungsgewalt lag beim Großkönig. Ein Heer von Beamten und Adligen, die auch die Offiziere und Leibgarde des Großkönigs stellten, sorgte für innere Ordnung. Die Großkönige der Perser regierten ihr Reich mit strenger Hand. Sie kleideten sich in kostbare Gewänder und lebten in riesigen Palästen. Die Könige und Priester

beteten zu den Griechen fremden Göttern; die oberste Gottheit hieß Ahura-Mazda. Der Religionsstifter Zarathustra hatte die Allherrschaft Ahura-Mazdas verkündet. Dieser sollte den kleinen Gottheiten der Völker des Reichs so überlegen sein wie der Großkönig allen niederen Würdenträgern seines Reichs. Die göttliche Macht wurde durch geflügelte Löwen, Greifvögel, mächtige Stiere und Geschöpfe, die halb Mensch, halb Tier waren, in überlebensgroßen prächtigen Steinskulpturen dargestellt.

In den vielen Ländern, die die Perser beherrschten, waren Unterkönige, sogenannte Satrapen eingesetzt. Die mussten im Namen des Großkönigs Recht sprechen, Steuern eintreiben und aus Bergwerken Silber, Gold und Edelsteine in die Hauptstädte des Reichs überführen, nach Susa, Ekbatana und Persepolis. Auch die sagenhaften Städte Babylon und Ninive, die Hauptstädte der ehemaligen Großreiche der Babylonier und Assyrer, gehörten zum persischen Reich.*

Das alte Persien hatte eine höchst anspruchsvolle Kunst und Kultur – keine Spur von „Barbarei". Doch die Griechen hatten schon früh erfahren, dass sich die Machtverhältnisse bei den Persern von denen in ihren freien, oft demokratisch verwalteten Städten unterschieden. Während in vielen griechischen Stadtstaaten die Regierung durch allgemeine Wahlen (von denen Frauen, Sklaven und Ausländer allerdings ausgeschlossen waren) bestimmt wurde, herrschten die persischen Fürsten absolut und autoritär. Näherte sich ihnen ein Untertan, so musste er sich vor dem Herrscher zu Boden werfen und warten, bis der ihm wieder auf die Füße half oder mit den Fingern schnippte. Solche Unterwürfigkeit verlachten die Griechen als rückständig und „barbarisch".

Als „Barbaren" bezeichnen wir heute Menschen, die besonders grausam sind oder sich schlecht benehmen, um die wir in der Regel einen Bogen schlagen; denn mit einem Barbaren in Streit zu geraten, geht meistens schlimm aus. Der Begriff wurde im Altertum sehr oft benutzt. Die Glattrasierten nannten die Bärtigen Barbaren, die Leute

aus der Stadt blickten auf die einfacheren Leute vom Lande hinunter. Die Mehrheit der Griechen stufte fast alle ihre Nachbarn als Barbaren ein, auch die Makedonen, nur weil sie einen anderen, vom Hochgriechischen abweichenden Dialekt sprachen. Als besonders barbarisch aber galten ihnen die Asiaten, die klaglos die Herrschaft der persischen Großkönige duldeten.
Doch zwischen den Persern und ihren Nachbarn hatte nicht nur Krieg geherrscht. Es hatte lange Perioden des friedlichen Neben- und manchmal auch des Miteinanders gegeben. Griechische und persische Herrscher hatten sich unterdessen beobachtet und belauert. Man tauschte in Friedenszeiten Botschafter und Gesandte aus, und natürlich schickten Griechen wie Perser heimlich Kundschafter und Spione in das andere Lager, Sprachkundige noch weiter ins Hinterland. Sie sollten herausfinden, wie stark die Armeen des Gegners waren, welche Gefahren von ihnen drohten, wie die Stimmung unter den Menschen jenseits der eigenen Grenzen war.

Nach der Landung in Kleinasien zog Alexander mit seinem Heer nordwärts ins Hinterland, ohne auf großen Widerstand zu stoßen. Da die Städte der Region überwiegend von Griechen bewohnt waren, wurden ihm deren Tore meist bereitwillig geöffnet. Gekämpft werden musste nur dort, wo persische Fürsten das Land regierten und Festungen mit persischen Truppen belegt waren. Am Fluss Granikos, der unweit des Marmarameers fließt und am Berge Ida entspringt, sammelte sich zum ersten Mal ein Heer der Perser gegen die griechischen Eindringlinge. Der oberste Befehlshaber der Perser, Großkönig Dareios III., weilte in weiter Ferne. Seine Statthalter in Kleinasien, seine Satrapen, so lautete sein Auftrag, sollten mit ihrer schlagkräftigen Reiterei und den starken Fußtruppen die Eindringlinge aufhalten und zurückjagen.
Die Perser hatten eine Trumpfkarte, nämlich einen fähigen Heerführer, Memnon aus Rhodos, und seine gut trainierte griechische

Söldnertruppe. Viele in Kleinasien oder auf den nahegelegenen Inseln geborene Griechen waren in die persische Armee eingetreten und dienten als Fußsoldaten oder Reiter, und manche waren in höchste Ränge aufgestiegen.

Memnon war ein kluger und weitblickender Stratege. Beim Kriegsrat mit den persischen Satrapen schlug er zweierlei vor. Erstens: Die Perser sollten sich vor dem Gegner zurückziehen. Das Land hinter ihnen erstrecke sich in endlose Weite und würde die Eindringlinge bald ermüden. Alle Dörfer und Siedlungen seien in Brand zu setzen und die Ernten zu vernichten, soweit sie nicht nach Osten, nach Anatolien und Kappadokien transportiert werden könnten. Auch alles Vieh solle fortgetrieben werden. Ging Alexanders Truppen die lebensnotwendige Verpflegung aus, würden sie schon sehr bald wieder nach Makedonien und Griechenland zurückkehren müssen.

Doch dieser Vorschlag Memnons wurde von den persischen Satrapen abgelehnt. Sie hielten ihrem Großkönig die Treue und meinten, als Beschützer von Land und Leuten das ganze Land verteidigen zu müssen.

Auch der zweite Vorschlag Memnons wurde nicht angenommen. Memnon hatte geplant, die persische Flotte an die zahlreichen Häfen und Seefestungen, die jetzt in griechischer Hand waren, heranzubringen, Truppen an Land zu setzen und den Eindringlingen so den Rückweg in ihre Heimat abzuschneiden. Der Plan war schon gescheitert, denn Alexander hatte den Spieß umgedreht: Er ließ kleinere makedonisch-griechische Flottenverbände zum Schutz der bereits eroberten Orte zurück, sodass die Perser keine Chance hatten, die Versorgung vom griechischen Festland abzuschneiden.

Im Mai 334 kam es am Fluss Granikos zur ersten entscheidenden Schlacht. Die persische Armee hatte starke Reiterverbände am Ufer vor den Kern ihrer Fußtruppen gestellt, die aus einigen

Tausend griechischen Söldnern bestanden. Alexander stand ihnen am anderen Ufer gegenüber, mit den Reitern, die er selbst befehligte, auf dem rechten Flügel und der starken Phalanx mit ihren tief gestaffelten Reihen von Lanzenträgern im Zentrum. Den linken Flügel befehligte der altbewährte Feldherr Parmenion.

Parmenion hatte tags zuvor beim Rat der Makedonen und Griechen noch dazu geraten, schon nachts einen Überraschungsangriff zu führen. Doch Alexander war dagegen. Bei Tagesanbruch überquerte er den Fluss und stürmte auf die persische Reiterei los. Dieser Beginn schien nicht sehr günstig, denn das Wasser war reißend, das jenseitige Ufer lehmig und steil ansteigend, sodass die Angreifenden schon im Wasser mit Speerwürfen und einem Pfeilhagel überschüttet werden konnten. Ein Chronist berichtet:

„Von der Strömung mitgerissen, im Geschosshagel und von Wogen umbrandet, dass er eher aussah wie ein Rasender und Verrückter als wie einer, der einem strategischen Plan folgt …“

Alexander überquert
den Granikos

Doch Alexander hatte einen Plan: Sein waghalsiges Manöver steckte seine Soldaten an, die ihm bereitwillig folgten. Unterdessen führte die griechische Reiterei auf dem anderen Flügel einen Scheinangriff, der die Perser ablenkte. So öffnete sich für Alexander der Weg ins Herz der gegnerischen Truppen. Überraschend und schnell stieß er mit seinen Reitern vor. Im Laufschritt folgten die Schlachtreihen der Phalanx.
Die Schlacht entschied sich vor allem im Kampf der berittenen Truppen. Alexanders Taktik grenzte an Leichtsinn, denn er hatte einen besonders prächtigen Panzer angelegt und seinen Helm mit leuchtend weißen Federn geschmückt. So zog er die Aufmerksamkeit der besten persischen Kämpfer auf sich. Roisakes, ein hoher persischer Heerführer, war von Alexander mit einem Schwerthieb aus dem Sattel geworfen worden. Ein anderer, Spithridates, ritt auf den König los und wollte ihm mit erhobener Streitaxt den Schädel spalten. Er traf jedoch nur den Helm. Ehe er nochmals ausholen konnte, war einer der engsten Gefährten Alexanders, Kleitos, herangeprescht und hatte dem Perser den Arm mit dem Schwert abgehackt.

„*Während die Reiterschlacht so auf Messers Schneide stand*", heißt es bei dem antiken Geschichtsschreiber Plutarch, „*setzte die makedonische Phalanx über den Fluss, und das persische Fußvolk rückte gegen sie vor. Dieses leistete aber weder tapfere noch anhaltende Gegenwehr, sondern wandte sich zur Flucht, ausgenommen die griechischen Söldner. Diese stellten sich geschlossen an einem Hügel auf und boten Alexander ihre Übergabe an. Er aber stürmte, mehr dem Zorn als vernünftiger Überlegung folgend, gegen sie los, verlor dabei sein Pferd, das von einem Schwerthieb in die Seite getroffen wurde.*"

Es war nicht Alexanders Lieblingspferd Bukephalos.

Das Ende der Schlacht war nun absehbar. 20 000 Gegner waren gefallen, Fußsoldaten vor allem, dazu 2500 persische Reiter. Allein von den griechischen Söldnern der Perser fanden, so heißt es, 10 000 den Tod.

Alexander war verwundet worden, ja durch Kühnheit und Leichtsinn mehr als einmal dem Tode nahe gewesen. Nur vierunddreißig seiner Soldaten sollen in der Schlacht am Granikos den Tod gefunden haben. Dreißig eroberte Rüstungen sandte Alexander nach Athen und ließ sie dort im Haupttempel der Akropolis aufhängen. Die Haken sollen heute noch zu sehen sein.

Je weiter geschichtliche Ereignisse zurückliegen, desto mehr Legenden bilden sich um sie. So gibt es Quellen, die berichten, Alexander habe gar nicht den Fluss durchquert. Oder der Schlag gegen ihn sei nicht mit einer Streitaxt, sondern mit einem orientalischen Krummsäbel geführt worden. Fest steht jedoch, dass Alexander in der Schlacht am Granikos ungewöhnlichen Mut bewiesen hatte und dass seine überlegene militärische Intelligenz, seine besondere Ausstrahlung, seine „Aura", die Mitstreiter zu Leistungen angespornt hatte, die sie ohne sein Beispiel nie vollbracht hätten.

Alexander eroberte weitere Städte. Anfangs traf er hier und da noch auf Gegner. Etwa in der Griechenstadt Milet. Dort war er aber geschickt genug, den griechischen Soldaten, die im Dienste der Perser standen, einen Platz in seiner Armee anzubieten.

Dareios, der persische Großkönig, musste sich etwas einfallen lassen, wenn er Alexander und seine Armee aufhalten wollte.

Krieg um ein Weltreich

Alexander zerschlägt den Gordischen Knoten

Erinnern wir uns an das Alexandermosaik oder betrachten wir es noch einmal: eine Reiterschlacht zwischen Griechen und Persern. Die Griechen sind im Begriff zu siegen. Unterschiedliche Kleidung und Bewaffnung der Krieger sind zu erkennen, Schwerter, Lanzen und Speere. War das schon alles? Keineswegs.

Sehen wir uns zunächst die persischen Kämpfer an. Die Darstellung ihrer edlen Pferde verrät, dass das Land über eine lange und traditionsreiche Pferdekultur verfügte. Schöne und ausdauernde Pferde wurden nicht nur für sportliche Wettkämpfe gezüchtet und kostbar aufgezäumt, sondern auch in den vielen Kriegen genutzt, die Persien führte. In allen Kämpfen übernahmen Reiterverbände eine wichtige, oft eine das Gefecht entscheidende Rolle. Die Reiter waren in fließende Gewänder gehüllt und trugen Kapuzen und Turbane gegen Hitze und Staub. Bewaffnet waren sie mit kurzen Schwertern, Speeren und Schutzschilden. In der Schlacht gruppierten sich die Adligen und eine Leibwache um den König.

Was die Perser besonders gefürchtet machte, waren ihre zweirädrigen Kampfwagen, meist besetzt mit einem Wagenlenker und einem bewaffneten Krieger, oft einem Bogenschützen. Mit seinen Sichelmessern, die an den Radnaben befestigt waren, wurde der Wagen selbst zur tödlichen Waffe. Um die gefährlichen Reiterverbände und die todbringenden Kampfwagen wirkungsvoll zum Einsatz zu bringen, war offenes Gelände, von groben Hindernissen und Steinen befreite Ebenen, erforderlich.

Die Perser selbst stellten nicht die einzigen Verbände in ihrem Heer.

Auch andere Völkerschaften, mit gänzlich verschiedenen Sprachen und Dialekten, mussten sowohl Fußtruppen als auch Berittene aufbieten, wenn es der Großkönig befahl. So die von den Persern unterworfenen Phönizier, Ägypter, Armenier, Parther und Baktrer.
So unterschiedlich wie ihre Herkunftsländer waren auch ihre Sprachen, Befehlsstrukturen und Kampfweisen. Von allen griechischen Geschichtsschreibern wird immer wieder betont, in welch zahlenmäßig überlegenen Heeresmassen sie einst nach Griechenland eingerückt waren, und dass sie jetzt zu Hunderttausenden den vorrückenden Makedonen und Griechen gegenüberstanden.
Dennoch waren sie in Disziplin, Erfahrung und Kampfmoral den Griechen unterlegen. Viele der von den Persern unterworfenen Völker folgten dem Großkönig nur widerwillig und unter Gewaltan-

drohung. Und neidische Satrapen warteten nur auf die Gelegenheit, sich von ihrem Herrscher abzukehren und sich dem siegreichen Gegner zuzuwenden.
Das konnte sich Alexander auf seinem Marsch in das Landesinnere zunutze machen.

Auf dem Weg nach Ankyra, dem heutigen Ankara, in der Landschaft Phrygien, lag die Stadt Gordion. Es hieß, in Gordion gebe es einen geheimnisvollen Wagen, dessen Joch und Deichsel durch einen ganz besonderen Bastknoten fest miteinander verbunden seien. Wem es gelänge, diesen Knoten zu lösen, dem sei die Herrschaft über Kleinasien oder gar über ganz Asien versprochen. Für Alexander, der viel auf Weissagungen gab und sich oft von Ora-

keln und Prophezeiungen leiten ließ, bedeutete der Gordische Knoten eine Herausforderung.

Noch bewegten sich seine Truppen in der fremden Umgebung unsicher. Vor Alexander und seinem Heer taten sich viele Ungewissheiten auf. Nie war vorauszusehen, wie leicht oder schwer die befestigten Städte und Burgen zu besiegen waren. Zwar war die Schlacht am Granikos für das Heer der Griechen und Makedonen erfolgreich verlaufen, doch der persische König Dareios war nicht daran beteiligt gewesen. Und er verfügte über starke Kräfte, die er bisher noch nicht eingesetzt hatte.

Alexander zauderte nicht und ließ sich zu dem legendären Wagen führen. Kurz prüfte er, wie kompliziert der Knoten geknüpft war. Dann griff er zum Schwert und hieb ihn durch!

Alexander hatte den Gordischen Knoten auf seine Weise gelöst und damit aufs Neue unter Beweis gestellt, dass er auserwählt und dass es seine Aufgabe war, den einmal eingeschlagenen Weg weiterzugehen. Seinen Truppen konnte der junge König nun Gründe für den weiteren Vormarsch liefern: Ihm war die Herrschaft über Asien versprochen. Die Soldaten sollten neuen Mut fassen und die Verheißung durch entsprechende Taten einlösen.

Schon zu Lebzeiten Alexanders waren wirkliche und erfundene Geschichten über ihn, waren Wahrheit und Legenden unlösbar miteinander verbunden. Jeder Geschichtsschreiber, jeder Berichterstatter wusste anderes zu erzählen. Die Taten des mutigen Königs verlangten nach Erklärungen wie der Geschichte vom Gordischen Knoten. Allerdings gibt es auch Geschichtsforscher, die behaupten, den Gordischen Knoten habe es gar nicht gegeben. Das Ganze sei nur eine Legende – eine hübsche Geschichte, mit der man das Bild Alexanders weiter habe aufpolieren wollen.

Seit der verlustreichen Schlacht am Granikos im Jahr 334 hatte König Dareios einige Monate Zeit gehabt, im fernen Babylon ein riesiges, bunt gemischtes Heer zu versammeln und gegen den aus Anatolien heranrückenden Alexander in Bewegung zu setzen. Neben dem Heer, das nach Hunderttausenden zählte, rückte der gesamte Hofstaat der Perser mit ins Feld. Nicht nur ein großer Harem*, auch die engere Familie des Dareios war mit dabei: seine Frau, die als größte Schönheit ganz Asiens gerühmt wurde, Dareios' Mutter und Tochter sowie ein Sohn. Da die aufwendige Unternehmung viel Geld verschlang, war ein Teil der Kriegskasse mit dem Tross nach Damaskus vorausgeschickt worden – wo sie später den Griechen in die Hände fallen sollte. Viele Luxusgüter und Schmuck, kostbare Zelte und Bekleidung, aber auch eine große Menge Geld in Münzen wurden beim Hauptheer mitgeführt, denn die Truppen und ihre Offiziere wollten unterwegs angemessen versorgt und entlohnt werden.

Alexander war mit seinen Soldaten während des Winters 334 auf 333 v. Chr. durch das Kernland Anatoliens und die verschneiten Berge des Taurusgebirges gezogen. Viele Kämpfe hatten die Griechen nicht zu bestehen. Durch geschickte Verhandlungen gewann Alexander auf seinem Weg neue Bundesgenossen, und nur noch kleinere Gefechte fanden in Anatolien statt. Im Gegensatz zu den weit auseinandergezogen heranrückenden Persern hatte Alexander seine Truppen um sich konzentriert. Er ließ sie höchstens einmal in zwei unterschiedlichen Marschsäulen durch die Hochebenen oder an der Küste entlangziehen und sich bald wieder vereinen. Er war beweglich und kam schnell voran. Auch die Kilikische Pforte, eine strategisch wichtige Passage im Südosten der heutigen Türkei, konnten die Griechen ungehindert passieren. Die Perser hatten es versäumt, diese Sperre zwischen hohen Bergzügen durch eine starke Besatzung zu sichern und so Alexanders Vormarsch aufzuhalten. Die persischen Späher und Kundschafter stürzte Alexander immer wieder durch unvermutete Vormärsche und unerwartete Manöver in Verwirrung. Aber auch die Make-

Alexander und der Gordische Knoten

donen und Griechen verloren zeitweise die Orientierung. Im unübersichtlichen Gelände waren die feindlichen Heere sogar schon einmal aneinander vorbeimarschiert. Alexander lief nun Gefahr, sich gegen den Feind in zwei Richtungen wehren zu müssen, weil Teile des persischen Heeres in seinen Rücken vorgestoßen waren. Eine weite Ebene bei Issos, dort wo heute die Türkei und Syrien aneinanderstoßen, schien Dareios und seinen Befehlshabern als Schlachtfeld besonders gut geeignet. Nahe der Küste erstreckte sich über zwanzig Kilometer ein Gelände, das keine wesentlichen Hindernisse zeigte. Hier konnte sich die Durchschlagskraft der berittenen persischen Einheiten und der Kampfwagen am besten entfalten. Insgesamt war die Ebene jedoch zu schmal, als dass alle persischen Truppen voll zum Einsatz gebracht werden konnten. Ein großer Teil der Soldaten musste in der Kampfreserve auf den Einsatz warten. Nur wenige Kilometer von der Küste entfernt erstreckten sich lang gezogene Bergketten.

Vor der Schlacht ließ Alexander seine vom langen Anmarsch ermüdeten Truppen ausruhen. Die weit verteilten nächtlichen Lagerfeuer sollten den Persern vorspiegeln, sie hätten es mit einem ungleich stärkeren Gegner zu tun.

Am nächsten Morgen ritt Alexander zu den in Stellung gegangenen Verbänden machte seinen Soldaten Mut. Die Männer jubelten ihm zu und schlugen lärmend mit den Schwertern auf die Schilde. Um seine aufmarschierten Truppen zu sichern, hatte Dareios Erdwälle errichten und Holzpfähle im Boden verankern lassen. Der Schlachtplan der Perser ist nicht überliefert. Vielleicht setzte Dareios einfach auf die erdrückende Übermacht seiner Truppen. Diese würden – erst einmal gezielt in Bewegung gesetzt – die nur etwa 40 000 Makedonen und Griechen einfach über den Haufen rennen!

Dareios hatte eine übersichtliche Kampfaufstellung befohlen; neben den Reitermassen warteten unterschiedliche Fußtruppen, Bogenschützen und die schwer bewaffneten griechischen Söldner auf den Angriffsbefehl. Der Großkönig selbst wollte diesmal am Kampf teilnehmen und war in einen Streitwagen gestiegen, den ein Rosselenker steuerte. Um sich herum hatte er seine Elitesoldaten und die Vornehmsten aus dem persischen Adel versammelt.

In der Nacht vor der Schlacht hatte Dareios einen seltsamen Traum gehabt: Er sah Alexander, prächtig gekleidet in ein persisches Gewand, durch die Straßen Babylons reiten. Hinter ihm war ein gewaltiges Feuer aufgeflammt, dann war der Makedone ganz plötzlich verschwunden. Die Seher deuteten dieses Schreckensbild zugunsten des Großkönigs. Er könne leichten Herzens in den Kampf ziehen, der Sieg gehöre ihm.

Bei keiner Alexanderschlacht gehen die Angaben der Berichterstatter weiter auseinander als bei der von Issos im Jahre 333. Besonders kühle und nüchterne Köpfe beziffern die Zahl der Perser nur auf 100 000 Kämpfer, was untertrieben sein dürfte. Andere Historiker gehen von 500–600 000 Streitern aus. Vereinzelt findet sich sogar die Angabe eine Million Mann. Reine griechisch-makedonische Kriegspropaganda, argumentieren dagegen Kritiker, diese Zahl werde nur genannt, um die ungeheure Kampfesleistung der Hellenen* noch höher zu bewerten.
Wie auch immer, es gilt als gesichert, dass die vereinten Makedonen und Griechen mit 25–30 000 Mann Fußtruppen und 10–12 000 Reitern den Persern zahlenmäßig weit unterlegen waren. Etwa ebenso groß wie das Heer Alexanders waren die Verbände der griechischen Söldner, die Dareios bei Issos unterstanden. Der makedonische Feldherr Parmenion befehligte mit seinen Reitern den linken, Alexander mit seinen Reitern den rechten Flügel der Griechen. Die gefürchtete Phalanx stand dem Block der griechischen Söldner im persischen Heer gegenüber.
Wieder war es Alexander, der die Initiative ergriff. Der erste Angriff erfolgte nicht frontal. Zur Verblüffung der Perser preschte Alexander nach der Überquerung des Flusses Pinaros mit seinen Reitern schräg über das Schlachtfeld direkt auf das Zentrum der persischen Verbände mit König Dareios in ihrer Mitte los. Die persische Leibgarde zu Pferd erfasste rasch, worum es ging, und wehrte sich nach Kräften.
Vielleicht zeigt das Alexandermosaik gerade diese Schlüsselszene der Schlacht.
Schritt um Schritt bewegte sich die mörderische Phalanx in dichten Reihen mit ihren langen Kampfspießen auf die Truppen des Großkönigs zu. Verwirrung und Panik griff unter den Persern um sich. Doch erwiesen sich die griechischen Söldner des Dareios als ebenbürtige Kämpfer. Sie rückten von den Flanken aus gegen die

ALEXANDER M. DARIVM VLT: SVPERAT
CÆSIS IN ACIE PERSAR: PEDIT: C.M. EQVIT
VERO X M. INTERFECTIS. MATRE QVOQVE
CONIVGE LIBERIS DARII REGE CVM M. HAVD
AMPLIVS EQVITIB: FVGA DILAPSI. CAPTIS.

Makedonen und Griechen vor, drängten sie zurück und gefährdeten zeitweilig Alexanders Erfolg.
Dessen Phalanx war jedoch inzwischen ins Zentrum des Feindes vorgestoßen und stärkte dort der von Alexander persönlich geführten Reiterei den Rücken. Die Perser ahnten, dass sie ihre Position nicht würden behaupten können. Dareios ließ seinen Kampfwagen wenden und bereitete seine Flucht vor. Er stieg auf ein Pferd und strebte mit Teilen seiner Leibwache den rettenden Bergen zu. Andere Berittene folgten ihm und sprengten in die an den Bergen aufgestellten Reserven. Es entstand ein furchtbares Chaos.
Alexanders Reiter setzten ihnen zunächst nach, doch statt den fliehenden Dareios weiter zu verfolgen, ließ Alexander seine Reiter wenden und kam den bedrängten Teilen der eigenen Truppen zu Hilfe. Seine Soldaten hatten nun die Oberhand. Das Gemetzel dauerte bis in die Nacht. 100 000 Perser sollen erschlagen worden sein. Dagegen standen nur 450 Gefallene auf der Seite der Griechen, davon 300 Fußsoldaten und 150 Reiter.
Bei der Verfolgung des Dareios waren Alexander und seinen Leuten nur Ausrüstungs- und Kleidungsstücke des Geflohenen in die Hände gefallen. Doch der König hatte seine Familie nicht mehr mitnehmen können. Sie wurden Gefangene Alexanders: seine Mutter, seine Frau und Schwägerin, dazu seine Tochter und ein kleiner Sohn. Neben einem erheblichen Schatz war dies die wichtigste Beute der Schlacht von Issos.
Dareios flüchtete durch die Berge, begleitet von wenigen Getreuen und dem Rest der griechischen Söldner. Er zog sich hinter den Fluss Euphrat zurück und begann neuerlich, starke Kräfte um sich zu sammeln. Das ihm verbliebene Reich war immer noch riesig. Sein Ruf als Feldherr jedoch war schwer angeschlagen, und schon dachten neidische Satrapen darüber nach, wer eines nahen Tages an seine Stelle rücken sollte. Dareios grübelte, wie er seine Familie

So stellte sich der Maler Albrecht Altdorfer im Jahre 1528 die große Alexanderschlacht vor. Napoleon, der sich als Nachfolger Alexanders fühlte, ließ das Gemälde in sein Badezimmer hängen.

zurückgewinnen könnte. Er musste eine Nachricht an Alexander senden, einen Boten schicken, ihm einen Brief schreiben.

Alexander behandelte die Familie des Königs mit Respekt und gewann nicht zuletzt dadurch bei den besiegten Persern zunehmend Anerkennung.

Eigentlich hätte er den Rachefeldzug gegen die Perser spätestens jetzt als beendet ansehen können. Die Schmach der persischen Eroberungen in Griechenland 150 Jahre zuvor war getilgt. Doch vor Alexander lag das reiche Zweistromland* mit seinen bevölkerungsreichen Städten, alten Kulturstätten und ertragreichen, künstlich bewässerten Feldern an den Ufern von Euphrat und Tigris. War er, Alexander, nicht jetzt schon der Beherrscher Asiens? Sollte er nicht weiterziehen und sein riesiges, rätselhaftes Reich in Besitz nehmen?

Doch statt Dareios nach Mesopotamien zu folgen, schlug Alexander mit seiner Armee den Weg südwärts entlang der Küste des Mittelmeers ein. Würde er die befestigten Häfen von Tyros und Sidon erobern, wäre der Weg nach Ägypten frei. Wiederholt hatten sich die Menschen am Nil gegen die persische Herrschaft erhoben. Alexander würde dort als Befreier begrüßt werden, so hoffte er, und könnte neue Bündnispartner gewinnen – ehe er sich wieder ostwärts wandte, um die Perser im Zentrum ihres Reichs entscheidend zu treffen.

Ein gewaltiges Hindernis jedoch lag vor der Küste: Tyros – scheinbar uneinnehmbar auf einer Insel, einige hundert Meter vom Festland entfernt. Alexander rückte bis auf Sichtweite an die mächtigen Häfen der mit Mauern und Türmen befestigten Stadt heran und schickte seinen Gesandten in die Stadt: Er wolle dem Gott von Tyros, Melkart, huldigen und ihm Opfer bringen. Die Tyrer glaubten, geschickt und diplomatisch zu handeln, als sie Alexander antworten ließen, er sei herzlich willkommen und seine Verehrung für den Gott Melkart lobenswert. Aber er möge mit

symbolisierte, so wollte er nicht nur Süden und Norden, sondern auch West und Ost, Okzident und Orient einander näherbringen und miteinander vereinen! Nur engste Freunde und Vertraute wussten etwas von dieser Vision. Den einfachen Soldaten hatte Alexander dieses Zukunftsbild bisher verschwiegen.
Der neue Herrscher Ägyptens unternahm in einem festlich geschmückten Boot eine Fahrt auf dem Nil hinab in das Mündungsdelta des Stromes. An einem strategisch günstigen Punkt besprach er sich mit seinen Gefährten und Stadtplanern. Zwischen dem offenen Meer und einer Lagune sollte eine neue Hafenstadt entstehen: Alexandria. Die Pläne für diese Stadt waren bald fertig und wurden rasch in die Tat umgesetzt. Rechtwinklige, gerade Straßenzüge gruppierten sich um Marktplätze, Tempelanlagen, Pferderennbahnen und Arenen. Der Hafen sollte durch Bollwerke und starke Molen geschützt werden. Während der Planung der künftigen Stadt hatte der Architekt und Bildhauer Deinokrates den Einfall, die groben Umrisse der neuen großen Siedlung vor Alexander auf dem Boden mit Mehl zu skizzieren, das er aus einem Sack herausrieseln ließ. Als gleich darauf Vögel vom nahen Wasser herbeiflogen und im Handumdrehen alles Mehl aufpickten, befürchtete Alexander ein böses Omen: Der Stadt sei ein böses Geschick vorausbestimmt. Doch seine Seher beruhigten ihn und sagten, ganz im Gegenteil würde das künftige Alexandria Aufstieg und reiche Blüte erleben. Und wirklich, im Laufe der Jahre wurde die Stadt immer größer und reicher. Nach dem Tode Alexanders wurde dort die größte Bibliothek der antiken* Welt begründet. Wie der riesige Leuchtturm an der Hafeneinfahrt sollte auch die Bibliothek von Alexandria zu den antiken Weltwundern gehören.

Die Gründung von Alexandria blieb nicht die einzige ihrer Art. In den kommenden Jahren erfolgten noch weitere sechzehn Gründungen von Städten, die alle Alexanders Namen trugen. Auch der

Name der Stadt Iskenderun in der Osttürkei oder der von Kandahar in Afghanistan geht auf „Alexandria" zurück.

Vom Nil-Delta aus trat Alexander eine Expedition durch die Wüste zur Oase Siwa an, einem ferngelegenen Ort, der das Heiligtum des höchsten ägyptischen Gottes Amon und ein Orakel beherbergte, das neben dem von Delphi zu den berühmtesten der damaligen Welt gehörte. Sicher waren es Neugierde und Abenteuerlust, der Wunsch, Neues und Unbekanntes zu erfahren, die Alexander nach Siwa aufbrechen ließen. Auch wollte er weiteren Ruhm erringen. Und er wollte vermutlich mit sich ins Reine kommen, sich befragen, ob es sich lohne, noch mehr Länder zu erobern und Dareios bis zum bitteren Ende zu verfolgen.

Aber würde er den langen und gefahrvollen Weg durch die fremde Wüste bewältigen? Lange lag die katastrophale Irrfahrt des persischen Königs Kambyses noch nicht zurück. Im Jahre 523 v. Chr. war Kambyses mit einem Heer von 50 000 Mann ausgezogen, die reiche Oase Siwa zu plündern. Kein Einziger war je von diesem Feldzug zurückgekehrt. Entweder waren die Männer verdurstet oder Wüstenstürme hatten sie umgebracht und zugeweht, oder sie waren im tückischen Schwimmsand versunken.

Alexander jedoch zögerte nicht. Wenn es die sagenhaften Helden Herakles und Perseus vor ihm geschafft hatten, diese heilige Stätte zu erreichen, dann sollte es auch ihm gelingen! Doch mühsam, anstrengend, staubig und heiß war der nicht enden wollende Weg. Als die Expeditionsgruppe schon am Verzagen war und nicht wusste, ob sie jemals das Ziel erreichen und es durch den weichen, immer wieder zurückgleitenden Sand weiter voran schaffen würde, tauchten plötzlich am Himmel Raben auf. Sie waren ein sicheres Zeichen dafür, dass sie kurz vor dem Ziel waren.

Tatsächlich gelangte Alexander mit seinem Gefolge zur Oase Siwa. Die Priester und Hüter der Heiligtümer hießen ihn willkommen. Er konnte seine Opfergaben überreichen und allein ins Allerhei-

Die Oase Siwa in der ägyptischen Wüste heute

ligste des Orakels eintreten. Einiges von dem, was ihm dort mitgeteilt wurde, haben die Priester verbreitet: Er solle den Ehrentitel eines Zeus-Amon tragen, denn er sei der Sohn des höchsten griechischen wie ägyptischen Gottes und damit gottgleich. So erfüllte sich, was Alexander schon vor der Geburt vorausgesagt wurde, als seine Mutter Olympias von Blitz und Drachen heimgesucht worden war: Alexander war zu großen Taten berufen. Was ihm das Orakel sonst noch zuflüsterte, ist geheimnisumwittert. Viele Geschichtsschreiber meinen, das Orakel habe Alexander darin bestärkt, Dareios niederzukämpfen und nicht nur Herrscher Asiens zu werden, sondern Herr der ganzen Welt. Unbesiegbar würde er bleiben, denn er handle im Auftrag der Götter.

Stolz berichtete Alexander in einem Brief an seine Mutter Olympias, welche Ehren und Auszeichnungen ihm zuerkannt worden waren. Jetzt konnte er neue Münzen prägen, die in seinem gesamten Machtbereich Verbreitung fanden. Sie zeigten seinen Kopf im

Profil mit Bockshörnern, die ihm aus der Stirne wuchsen – das Zeichen des Gottes Amon-Re.

Alexander beschloss, noch einmal zum Kriegszug gegen Dareios und Persien aufzubrechen. Eine makedonisch-griechische Schutztruppe blieb in Ägypten und bewachte strategisch wichtige Orte, auch den abseits gelegenen Posten in der Oase Siwa. Für alle Steuer- und Finanzfragen setzte er ägyptische, griechische und phönizische Beamte ein. Im Hafen von Alexandria sammelten sich griechische und phönizische Schiffe. Sie sollten die Seewege überwachen, die verbliebene persische Flotte bekämpfen und Seeräuber in Schach halten. Hundert Schiffe wurden in die Ägäis gesandt, um die immer noch makedonenfeindlichen Spartaner zu bedrängen.

Aus Hellas* kam ein goldener Lorbeerkranz für die siegreiche Schlacht von Issos. Frische Kräfte versammelten sich, einige tausend Mann Fußsoldaten und thessalische Reiterei. Mit 40 000 Soldaten konnte Alexander von Ägypten aus neuerlich aufbrechen. Sein Ziel war Mesopotamien, das Zweistromland, mit den Metropolen Babylon und Ninive. Irgendwo dort würde er auf Dareios treffen.

Nach Babylon

Herrscher über Persien

Seit den großen Schlachten am Granikos und bei Issos war Alexander mit seinem Heer stets Sieger geblieben. Die persischen Satrapen und der Großkönig selbst mussten immer weiter vor den Griechen zurückweichen. Doch nach der letzten verlustreichen Schlacht, bei der auch die Familie des Dareios in Gefangenschaft geraten war, hatte der Verlierer mehr als zwei Jahre Zeit gewonnen, eine neue Armee aufzubauen. Aus dem Kerngebiet seines Reichs, aus der Persis und dem Zweistromland, aber auch aus dem Osten seines Herrschaftsbereiches, aus Baktrien und den Grenzregionen zu Indien, zog er Truppen heran. Vor allem die gepanzerten Reiter und Fußsoldaten der Skythen aus dem Norden des Reichs und fünfzehn Kriegselefanten sollten die Angreifer das Fürchten lehren! Die Leibwache des Großkönigs, die 10 000 „Unsterblichen", war völlig neu zusammengesetzt worden. Ihren Ehrentitel hatte die Elitetruppe erhalten, weil Verwundete und Gefallene während eines Gefechts sofort ersetzt wurden und sie deshalb stets vollzählig war.

1,4 Millionen Mann stark sollen die persischen Truppen gewesen sein, die Dareios in Babylonien sammelte, davon über 40 000 Berittene. Zweihundert Sichel- und Kampfwagen wurden mitgeführt. Hinzu kamen zahlreiche Kamele zum Transport von Waffen, Verpflegung und Lagerausrüstung. Insgesamt eine unglaubliche Zahl von Soldaten, auch wenn andere Berichterstatter etwas bescheidener entgegenhalten, es hätte höchstens fünfmal so viele persische Kämpfer wie Hellenen gegeben. Von einem überragenden Feld-

herrn der Perser ist allerdings nichts überliefert. Der Befehlshaber vergangener Kämpfe, Memnon aus Rhodos, war 333 gestorben.
Alexander hatte den Persern und ihren Bündnistruppen aus vielen Regionen und Provinzen nur 47 000 Mann entgegenzusetzen. Die Verluste des langen Feldzuges durch Kleinasien waren inzwischen durch 15 000 Rekruten* aus der makedonischen Heimat ausgeglichen worden. Alexander brach von Tyros auf, jener Inselfestung, die er nach langer Belagerung zerstört und anschließend neu besiedelt hatte.
Die griechischen Truppen bewegten sich in raschem Tempo auf den persischen Heerstraßen nach Osten auf die Flüsse Euphrat und Tigris zu. Der persische König musste eine günstige Gegend für die bevorstehende Schlacht wählen. Er entschied sich für die weite Ebene bei Gaugamela, das heißt „Dorf des Kamels", am oberen Tigris.
Hellenen wie Perser suchten vor jedem wichtigen Kampf die Hilfe der Götter. Priester, Magier und Wahrsager deuteten ungewöhnliche Erscheinungen oder lasen die nahe Zukunft aus den Eingeweiden geschlachteter Tiere.
Alexander nutzte alle nur verfügbaren magischen Kräfte, um sich selbst und seine Gefolgsleute in gute Stimmung zu versetzen. Kurz vor Schlachtbeginn gab es eine Mondfinsternis. Da der Mond für die Perser zu den wichtigsten Himmelskörpern zählte, waren die griechischen Seher überzeugt, Alexander hätte nach diesem Vorzeichen gute Siegeschancen.
Alexander wollte es genauer wissen und opferte Sonne, Mond und Sternen. An den Eingeweiden der Opfertiere, vor allem der Leber, meinten die Priester und Wahrsager erkennen zu können, welches Schicksal Alexander bevorstand. Auch hier schien alles zum Guten bestimmt. Jetzt konnte die Schlacht beginnen!
Nach den langen und anstrengenden Märschen gönnte Alexander seinen Truppen vier Tage und Nächte zum Ausruhen. Nachdem

sich die feindlichen Heere auf Sichtweise nahegerückt waren, wurde nochmals ein Nachtlager errichtet. Die Befehlshaber berieten sich mit dem König, und der erfahrene Parmenion riet, das Überraschungsmoment zu nutzen und in der Dunkelheit loszuschlagen. Alexander aber entgegnete, er wolle sich nicht heimlich den Sieg stehlen. So blieb es beim Angriff am nächsten Morgen.
Die Perser hatten ihre Kampfaufstellung nach den bitteren Erfahrungen von Issos verändert. Das Schlachtfeld war weit genug und von allen Hindernissen gesäubert worden, sodass alle Kampfverbände in breiter Front, weit auseinandergezogen, aufmarschieren konnten. Vor dem Truppenzentrum mit Dareios und seiner Leibwache waren die Kampfelefanten postiert, flankiert von zwei großen Gruppen tödlicher Sichelwagen. Links und rechts standen die griechischen Söldner; an den Flanken warteten starke Reitergruppen von Skythen und Armeniern auf den Angriffsbefehl. Hinter diesen Truppen stand noch eine Kampfreserve von Babyloniern und weiteren leichter bewaffneten Hilfstruppen.
Alexander brachte seine Truppen direkt gegenüber den persischen Verbänden in Stellung, in der Mitte die Marsch- und Kampfblöcke der Phalanx. Links davon standen die thrakischen und griechischen Reiter unter Parmenion, während die rechte Seite mit weiteren Reitern und Fußtruppen von Alexander kommandiert wurde. Wieder hatte Alexander vor Kampfbeginn zu seinen Soldaten gesprochen, einzelne Männer, die ihm vertraut waren, direkt angeredet und ihnen Mut gemacht. Jetzt jubelten die Soldaten zurück und schwenkten ihre Waffen, während die Fanfaren schmetterten. Alexander selbst hatte sich für diesen entscheidenden Kampf besonders sorgfältig ausgerüstet und gekleidet. Dazu schreibt Plutarch:

„Die Rüstung hatte er bereits im Zelt angelegt, einen gegürteten Waffenrock, eine sizilianische Arbeit. Darüber trug er einen doppelten

Leinenpanzer aus der Beute von Issos. Der Helm war aus Eisen, glänzte aber wie lauteres Silber. Daran gearbeitet war ein Halskragen, ebenfalls aus Eisen, mit eingelegten Edelsteinen. Sein Schwert war ganz besonders gehärtet und dabei besonders leicht. Es war ein Geschenk des Königs von Kition. Dieses Schwert war seine Hauptwaffe im Kampf. Außerdem trug er noch einen Umhang, mit einer Spange befestigt. Er war weitaus kostbarer als seine übrige Rüstung, eine Ehrengabe der Stadt Rhodos. Auch diesen Umhang trug er gewöhnlich in der Schlacht.
Solange er die Phalanx in Schlachtordnung aufstellte, Ermunterungen und Instruktionen erteilte, ritt er ein anderes Pferd und schonte Bukephalos, der ihn treu bis hierher begleitet hatte. Sobald es aber in den Kampf ging, wurde dieser vorgeführt. Alexander saß um und eröffnete sogleich die Schlacht."

Immer stärker schwoll der Schlachtenlärm an, als die baktrischen und skythischen Panzerreiter auf dem linken Flügel Parmenion mit großer Übermacht attackierten und die Front der Makedonen und Griechen langsam zu wanken und zurückzuweichen begann. Zur gleichen Zeit war Alexander mit seinen Reitern gegen das Zentrum der persischen Streitkräfte losgeprescht. Im Dauerlauf folgte die Phalanx. Es galt, die Elefanten in Panik zu versetzen. Vor und seitwärts der Phalanx stürmten jetzt Bogenschützen, Speerschleuderer und Steinewerfer gegen die erste Front der Perser vor. Mit brennenden Pfeilen und lautem Geschrei wollten sie die Elefanten nervös machen und so Unordnung in die feind-

lichen Reihen tragen. Doch schon nahten die Kampfwagen der Perser! Wer sich vor ihnen nicht blitzschnell zur Seite rettete, war verloren.
Die hinzugeeilte Phalanx öffnete sich vor dieser tödlichen Attacke, schwenkte rasch zur Seite und ließ die Kampfwagen wie durch eine Gasse passieren. Als die Wagen auf gleicher Höhe mit den Lanzenträgern waren, schwenkten diese um und stachen von hinten auf Rösser und Wagenlenker ein. Andere stürzten sich auf das Zaumzeug der Kampf- und Sichelwagen, schnitten es durch und hieben mit Speeren, Dolchen und Kurzschwertern auf Wagenlenker und Bewaffnete los.

Wie bei Issos konzentrierte sich Alexander auch dieses Mal ganz darauf, so nahe wie möglich an den persischen König und sein Gefolge heranzukommen. Ein wildes Gemetzel begann; niedergestochene Pferde und verwundete oder erschlagene Krieger lagen um den Kampfwagen des Dareios. Ein Vorwärtsstürmen war für den Perserkönig nicht mehr möglich. Alexander hatte in die geballte Ansammlung von Rossen und Reitern einen Keil getrieben und rückte ihm immer näher. Hinter den griechischen und makedonischen Reitern drängten die Kampfreihen der Phalanx.

Die Abwehrfront begann zu wanken; Dareios stieg aus seinem Wagen, erklomm ein bereit gestelltes Pferd und floh – zum zweiten Mal – vom Schlachtfeld. Boten oder Meldereiter drangen nicht mehr zu ihm durch, um ihm zu berichten, dass sich der Feind an anderen Abschnitten der Front durchaus aufhalten und zurückdrängen ließ.

Erst jetzt konnte Alexander seine Truppen wenden und dem zurückweichenden Parmenion zu Hilfe eilen. Schon waren die an den Flanken erfolgreichen Verbände der Perser in den hinteren Tross der Hellenen eingedrungen und hatten zu plündern begonnen. Doch als sie erfuhren, dass sich ihr König vom Schlachtfeld abgewendet hatte, ergriffen auch sie die Flucht. Alexander setzte ihnen nach. Noch bis zum Einbruch der Dunkelheit, bis ihre Pferde ermüdeten, waren Alexander und seine Begleiter unterwegs, weil sie hofften, den flüchtenden Dareios und sein Gefolge einzuholen. Doch der konnte entkommen. Sein Ziel war die Stadt Ekbatana, wo weitere Schätze lagerten und frische Truppen mobilisiert werden konnten.

Dareios fehlte es nicht an Mut und Entschlossenheit, doch die Gefahr, die von Alexander und seinem kleinen makedonisch-griechischen Reich ausging, hatte er unterschätzt. Alexanders Truppen waren kampferprobter und disziplinierter als seine Soldaten, ihr Feldherr erwies sich als mutiger und taktisch-strategisch weitblickender als seine Heerführer. Dareios hatte Schwierigkeiten, sich mit den Befehlshabern seiner Truppen in deren unterschiedlichen Sprachen schnell und entschlossen zu verständigen. In Babylon hatte er eine gewaltige Armee versammelt und war gegen Alexander vorgerückt. Doch die lang geplante Entscheidungsschlacht bei Gaugamela war verloren gegangen. Dareios war noch nicht am Ende; noch herrschte er über den größten Teil des Reichs seiner Väter. Doch seit der Niederlage von Issos hatte er erkannt, dass er einen Kompromiss mit dem scheinbar unaufhaltbaren Eroberer aus dem Westen suchen sollte. Alexander ging auf die Vorschläge des Dareios, sich mit ihm das persische Reich zu teilen und entweder einen Fluss in Kleinasien oder gar Euphrat und Tigris zur neuen Grenze zu machen, nicht ein. Auch auf Dareios' Vorschlag, er solle eine von seinen Töchtern heiraten und eine große Geldsumme annehmen, reagierte er nicht. Stattdessen antwortete er:

„Eure Vorfahren sind einst nach Makedonien und Hellas eingefallen. Ohne erkennbare Gründe habt ihr maßloses Unglück über uns gebracht. Ich, erwählter Feldherr aller Hellenen, bin fest entschlossen, euch Perser entgelten zu lassen, was ihr uns einst angetan habt."
Und weiter: „In mehreren Schreiben hast du die Hellenen gegen mich aufgehetzt, hast Bestechungsgelder angeboten. Den Göttern sei gedankt, dass sie nur von den Spartanern angenommen wurden! Durch Boten und Geldangebote hast du versucht, Zwietracht zwischen mir und den Hellenen zu stiften. Meine Freunde hast du zu verführen versucht.
Deshalb bin ich in den Krieg gegen dich gezogen. In allen bisherigen Schlachten gegen deine Satrapen und gegen dich sind wir Sieger geblieben und beherrschen längst das Land, das du dein eigen nanntest. Auch diejenigen, die einst in Hellas gegen mich waren, sind inzwischen gerne in meine Dienste getreten.

König Dareios auf seinem Thron

Längst bin ich Herr über Asien; also komme du zu mir! Deine Familie will ich schon mit dem gebührenden Respekt behandeln. Doch merke dir, wenn du mir künftig schreiben solltest, mich als König von Asien anzureden. Solltest du es am nötigen Respekt mangeln lassen und mich weiter beleidigen, so stelle dich mir. Fliehe nicht weiter und triff mich in offener Feldschlacht. Ich jedenfalls werde dich weiter verfolgen und dich treffen, wo du auch bist.“

Und so hielt es Alexander.

Schon hatten sich manche von Dareios' Vertrauten und viele der Satrapen von ihrem König abgewandt. Nur wenige Getreue begleiteten den einstigen Großkönig in die Berge des nordöstlichen Iran. Alexander eroberte das persische Kernland, gewann die Palaststädte Persepolis, Ekbatana, Susa und Pasargadai und fand dort unermessliche Reichtümer, gewonnen aus den Tribut- und Steuerzahlungen, die die besiegten Völker den Persern hatten leisten müssen. Mit dem erbeuteten Gold und Silber konnte Alexander neue, eigene Münzen prägen lassen, seine Truppen besolden, hervorragende Krieger belohnen und üppige Opfergaben nach Griechenland und Makedonien senden. Ältere Geschichtsschreiber berichten, dass sieben Tonnen an Schätzen zusammenkamen – genug, um Alexanders Armee fünfundzwanzig Jahre lang bezahlen zu können. Andere Berichte nennen 10 000 Maultiergespanne und 5000 Kamellasten, die nötig waren, um Edelsteine, kostbarste Stoffe und Edelmetall zu transportieren.

Dareios nahm ein trauriges Ende. Zu Pferd war er aus der Schlacht von Gaugamela in die Berge geflüchtet. Als seine Gefolgsleute merkten, dass ihnen Alexander nach einer Hetzjagd von mehr als sechshundert Kilometern immer noch dicht auf den Fersen war, erdolchte Bessos, der Satrap von Baktrien, den machtlosen Großkönig.

Alexander fand seinen Gegner tot. Er deckte seinen Mantel über ihn und ließ ihn dann seiner Familie überstellen und mit königlichen Ehren beisetzen.

Wenige Wochen nach der Schlacht von Gaugamela näherte sich Alexander mit seinem Heer Babylon, der Hauptstadt Mesopotamiens, der reichsten Landschaft des Perserreichs.

Babylon war von einer gewaltigen langen Mauer umschlossen. Türme ragten aus ihr empor, hinter der Mauer erhoben sich prächtige Paläste. Am höchsten war der gestufte Turm eines Tempels, dessen Außenseiten von farbigen Kacheln bedeckt waren, die große Phantasietiere zeigten. Diese Geschöpfe waren auch an den Wänden des schönen Ischtar-Tores zu sehen.

Noch fünfzig weitere mit Bronze beschlagene Tore führten in die Stadt. Woher der Reichtum rührte? Vom üppigen Ackerbau auf den reichen Feldern der Umgebung. Schon seit Jahrhunderten hatten die Bewohner der Region vom Fluss Tigris aus Kanäle und Bewässerungsgräben gezogen und so reiche Ernten eingebracht. Zwischen den Feldern und am Rand des fruchtbaren Lands weideten Rinderherden, waren unzählige Kamele, Schafe und Ziegen anzutreffen. In der Stadt lebten geschickte Handwerker, Töpfer, Keramiker, Weber und kunstreiche Bearbeiter von Gold und Edelsteinen. Babylon lag an der Kreuzung mehrerer Karawanenstraßen. So kamen Waren aus Indien und Arabien, aus Anatolien und Ägypten in die Stadt. Auf dem Tigris herrschte lebhafter Boots-

Alexander findet die Leiche des Dareios.

und Schiffsverkehr. Purpurstoffe und edle Teppiche schmückten die Häuser und Paläste, die Wände waren mit schönsten Malereien und Behängen bedeckt.

Alexander musste damit rechnen, in dieser reichen Stadt auf heftigen Widerstand zu stoßen. Doch es kam ganz anders, als sich am 21. Oktober 331 die Tore Babylons öffneten. Mazabos, der Satrap der Stadt, zog Alexander in Begleitung von Priestern und Adligen entgegen. Mazabos hatte zuvor die Reitertruppen der Armenier und Skythen kommandiert, die in der Schlacht von Gaugamela so tapfer gegen Parmenion gekämpft hatten. Jetzt beugte er sich dem Sieger und bot ihm seine Dienste an. Die Menschen in den überfüllten Straßen jubelten Alexander zu, Blumen wurden gestreut und Weihrauchkessel geschwenkt.

Alexander erfasste sofort die günstige Lage und die Stimmung der Bevölkerung. Er beließ Mazabos auf seinem Gouverneursposten, ja, er erteilte ihm sogar das Recht, eigene Münzen zu prägen. Da unter den Persern die Verwaltung der Stadt und die Erhebung der Steuern gut funktioniert hatten, behielt Alexander die alten Verhältnisse bei. Doch flossen jetzt die eingenommenen Summen in seine Kriegskasse, und in der Festung von Babylon stand eine makedonisch-griechische Truppe.

Seinen Soldaten gab Alexander für einige Wochen Urlaub. Ihre reiche Kriegsbeute erlaubte ihnen ein üppiges Leben in der Stadt. Alexander selbst nutzte die Tage zum Studium der neuen, fremden Lebensart. Von sprach- und schriftkundigen Wissenschaftlern ließ er sich übersetzen und vorlesen, was in den Bibliotheken der Stadt an interessanten Aufzeichnungen zu finden war. Viele der Texte waren in Keilschrift auf Tonplatten geritzt und berichteten von Herrschern vergangener Zeiten, von ungewöhnlichen Ereignissen, die Jahrhunderte zurücklagen, und von Gesetzen, nach denen die Stadt und das umliegende Land regiert wurden. Die Priester erzählten ihm von den Gottheiten, die in den Tempeln

Rekonstruktion des Ischtar-Tors im Pergamon-Museum in Berlin

verehrt wurden. Auch ihnen brachte Alexander Opfer. Hatten die Hellenen schon gestaunt, als sie das erste Mal dem Reichtum der persischen Städte und persischer Kultur begegnet waren, so steigerte sich ihre Verblüffung, als sie nun erkennen mussten, dass in Mesopotamien Stadtkulturen existierten, die schon Jahrtausende alt waren. Von „Barbaren“ wagte niemand mehr zu sprechen.

Der Rachefeldzug der Griechen gegen die Perser war mit dem Tod des Großkönigs und der Zerstörung seines Reichs beendet. Doch Alexander wollte mehr: Die dauerhafte Herrschaft über das Reich der Perser, und das wäre beinahe die Weltherrschaft gewesen. Viele Perser glaubten, in ihm den würdigen Nachfolger ihres Königshauses gefunden zu haben.

Alexander brach auf zu der alten Hauptstadt Ekbatana, wo neue Schätze auf ihn warteten. Er hatte Gefallen am persischen Wohl-

Ein Löwe aus glasierten Ziegeln vom Ischtar-Tor in Babylon

stand gefunden. War es ihm bislang darum gegangen, einen übermächtig erscheinenden Gegner niederzuzwingen, auf dem Weg zur Macht keinem Gefecht und keiner Schlacht aus dem Weg zu gehen, so zeigte er sich nun verführbar durch den Luxus des Landes. Nach seinen großen Siegen hatte er sich zuerst nur dem Namen nach zum König von Asien gemacht. Jetzt, nach dem Tod seines Gegners, gehörten zu diesem Rang auch der Thronsessel des Dareios, Kleidung aus kostbar glänzenden Purpurstoffen und ein Hofzeremoniell, bei dem sich die Untergebenen vor dem erhöhten Herrschersitz zu Boden werfen mussten. Alexander musste, um seine Herrschaft im Perserreich dauerhaft zu machen, eine Annäherung der Sitten von Hellenen und Persern anstreben, doch dieser Wandel gefiel vielen seiner altgedienten Offiziere und auch den Soldaten der einfachen Truppen nicht. Unmut und Widerspruch breiteten sich aus.

Auf dem Weg nach Indien

Bis ans Ende der Welt

Viele von uns haben die ganze Welt zu Hause: einen Atlas, ein Kartenwerk, das alle Erdteile, alle Länder der Erde zeigt. Oder einen Globus.

Die Welt vor über 2000 Jahren war sehr viel kleiner als unsere Welt heute. Auf einer damaligen Karte reichte sie von Gibraltar am westlichen Ende des Mittelmeers bis an die Ostgrenze von Indien. „Skythen" hießen da ganz allgemein die Völker, die nördlich von Griechenland lebten. Weit im Nordwesten lesen wir „Britannien" und „Thule" – vielleicht war dies Grönland. Dahinter war die damalige Welt nach Westen hin zu Ende. Und im Osten? Asien und an seinem Ende der Fluss Ganges in Indien sind verzeichnet. Aber von dorther drangen nur Gerüchte und ungesicherte Nachrichten nach Griechenland.

Die Weltkarte des Eratosthenes, die nur wenig nach der Zeit Alexanders entstanden ist, zeigt uns, was jenseits von Europa und den damals bekannten Teilen Asiens und Afrikas gelegen haben soll: nichts! Nie gehört hatten die Griechen vom fernen, noch unentdeckten Amerika. Nichts wussten sie von den Ländern jenseits von Indien, von Indonesien, von Australien und Neuseeland, von China und Japan. Und nichts von dem gigantischen Meer, das wir heute Pazifik nennen, nichts von den eisigen Polarregionen.

Die „modernere" Karte des Ptolemäus, die vier Jahrhunderte später entstand, nennt zwar neue Namen wie „Lybia" und „Ethiopia", lässt auch einen Teil des Nils erkennen, aber darüber hinaus: nichts ...

Die meisten Menschen im Altertum glaubten, die Erde sei eine Scheibe, platt wie ein Pfannkuchen – flach bis auf einige Gebirge! An der Meerenge zwischen Europa und Afrika, die wir heute die von Gibraltar nennen, trug der Sohn des Iapetos das Himmelsgewölbe auf seinen kräftigen Schultern. Sein Name: Atlas.
Die Seefahrer jener Zeit wurden davor gewarnt, weiter als bis zu den „Säulen des Herkules“ – der Meerenge von Gibraltar – zu segeln. Wer es dennoch wagen sollte, lief Gefahr, sich vom Rand der Welt in einen abgrundtiefen Schlund zu Tode zu stürzen.
Alexander wurde auf seinen Kriegszügen von vielen Spezialisten begleitet. Von Männern, die Belagerungsmaschinen und Schiffe aus dem Holz der fremden Wälder bauen konnten, von Gelehrten, die das Wetter erkundeten, die in den fremden Ländern nach neuen, unbekannten Pflanzen suchten oder auch die Menschen und ihre Sprachen, Sitten und Gebräuche aufmerksam studierten. Von Kartographen und Landvermessern jedoch wissen wir nur wenig. Vorauseilende Kundschafter, erfahrene Handelsleute und Karawanenführer, Kriegsgefangene, später auch verbündete Perser hatten ihm von den Königstraßen berichtet, die die großen Städte des Landes miteinander verbanden und halfen, Wüste, Steppen und schroff abweisende Gebirge zu durchqueren. Doch was jenseits des Horizontes lag, blieb den Griechen weitgehend unbekannt.
Und trotzdem zog Alexander mit seinen Truppen weiter. Er wollte Indien erreichen.

Darüber, warum sich Alexander nach dem Sieg über Dareios und der Eroberung des Herzlandes von Persien nicht damit begnügte, Herrscher über Asien zu sein, haben sich die damaligen Chronisten und moderne Geschichtsschreiber den Kopf zerbrochen – mehr als 2000 Jahre lang.
Waren es nur Alexanders schlichte Neugierde und sein Abenteuerdrang, zu erkunden, was hinter dem östlichen Horizont lag?

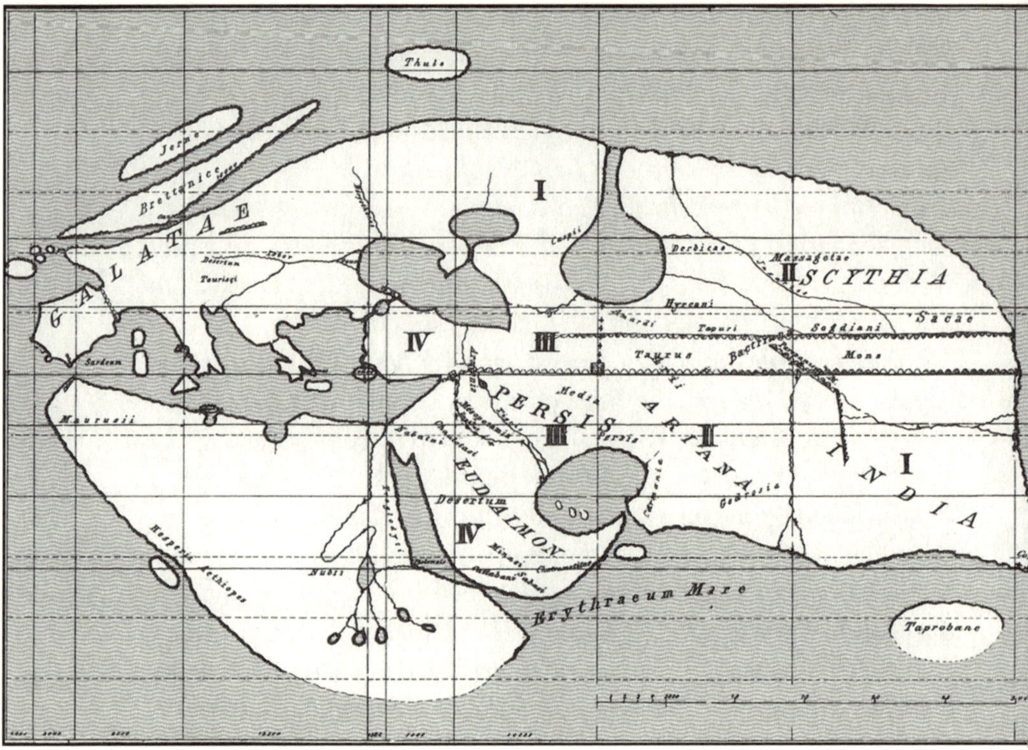

Die Weltkarte des Eratosthenes (3. Jahrhundert v. Chr.) gibt das geographische Wissen der Zeit nach Alexander wieder.

Wollte er direkt und persönlich erfahren, was es mit den Gerüchten und Erzählungen auf sich hatte, die besagten, er würde jenseits der Grenzen Persiens auf noch höhere Berge, noch wildere Wüsten und noch breitere Flüsse als bisher stoßen?

Was würde Alexander in Indien erwarten?

Das Einzige, was die Hellenen von diesem Land wussten, war, dass es dort riesengroße graue, dickhäutige, mit Rüssel und Stoßzähnen bewehrte Tiere gab: Elefanten. In der Schlacht von Gaugamela hatte man sie mit eigenen Augen gesehen. Auch die Pflanzen und Menschen in Indien sollten anders sein. Die Menschen, hieß es, hatten andere Gesichter, anders geschnittene Augen; auch sollte sich ihre Hautfarbe von der der Hellenen und Perser unterscheiden. Große Vögel mit hässlich kreischenden Stimmen lebten angeblich dort, die ihre Schwanzfedern zu einem prächtig farbigen Kreis schlagen konnten. Damit nicht genug, lagen im fernen Indien undurchdringliche Wälder, die in der großen Hitze und unter schier unaufhörlichen Regenfällen dampften. In ihnen gab es Schlangen und riesige Katzen, deren im Halbdunkel des Dschungels kaum erkennbares bräunlich gefärbtes Fell von schwarzen Streifen überzogen waren. In den dicht bevölkerten Städten sollten in den Schatzkammern der Herrscher Edelsteine lagern, so wertvoll, dass selbst die Schätze Babylons und der persischen Hauptstädte von ihnen überstrahlt wurden …

Ganz Indien war ein einziges Gerücht, so schien es, voller Gefahren und Verlockungen zugleich.

Waren es diese ungewissen Verlockungen wert, neue Gefahren auf sich zu nehmen, neue Gegner niederzukämpfen, sich immer weiter von der Heimat zu entfernen – nur um noch größere Schätze zu gewinnen? Aber wäre es nicht großartig, als Krönung aller Siege und Triumphe an den östlichen Okeanos* zu gelangen und damit ans andere Ende der Welt?

In einer flammenden Rede wandte sich Alexander an seine Befehlshaber, Elitesoldaten und Reitertrupps:

„Die Barbaren habt ihr bis hierher nur wie eine flüchtige Erscheinung, wie eine vorüberhuschende Wolke erlebt. Wir haben sie in den letzten Monaten nur etwas aufgeschreckt. Und wenn wir jetzt abziehen und wieder nach Hause umkehren, werden sie augenblicks wieder da sein und über uns wie über einen ängstlichen Weiberhaufen herfallen.

Wenn trotzdem einige von euch wieder in die Heimat zurückwollen, so lebt wohl und zieht nur frei davon! Aber seid ehrlich genug, wenn ihr wieder in Makedonien und Griechenland angekommen seid, zuzugeben, dass ihr mich bei der Eroberung der Welt schmählich im Stich gelassen habt! Ich will dann lieber allein mit meinen Freunden und Gefolgsleuten weiterziehen.“

Da jubelten ihm seine Gardetruppen zu. Nein, keine Umkehr – sie würden ihm folgen, wohin es auch gehen mochte. Und da ihr Beispiel die übrigen Soldaten ansteckte, konnte Alexander endlich den Aufbruch befehlen.

Im Jahr 330 machte er sich mit seinen Truppen durch Steppen und trockene Hochebenen auf den Weg nach Indien. Vor sich her trieben sie den Satrapen Bessos, den Mörder des Dareios. Immer noch standen Bessos mehr als 9000 Mann zur Verfügung.

Bis 329 sollte der Hindukusch* mit seinen verschneiten, bis zum Himmel ragenden Gipfeln erreicht werden. Mehr als 1500 Kilometer waren zu Fuß und auf Pferderücken zu bewältigen.

Anfangs schienen die mitgeführten Vorräte auszureichen. Einer der besiegten Bergstämme war dazu gezwungen worden, den Hellenen 1000 Pferde, 500 Rinder und 30 000 Schafe pro Jahr zu liefern. Doch 40 000 Mann Fußvolk und Tausende von Reitern verbrauchten ungleich mehr.

Bessos setzte auf seiner Flucht durchs Gebirge jene Taktik ein, die von den Persern nach den ersten Begegnungen mit Alexander in Kleinasien noch abgelehnt worden war: die Politik der „verbrannten Erde“. Dörfer und Siedlungen wurden niedergebrannt, die Ernten zerstört und die Felder angezündet. Nichts sollte den Verfolgern in die Hände fallen, vor allem kein Proviant. Bei der flüchtenden Bevölkerung gewann Bessos so allerdings weder Freunde noch Verbündete. Doch auch unter den Makedonen und Griechen litt die Moral der Truppe. Als die Armee mit der Härte des

Winters, mit Schnee, Stürmen und Eis zu kämpfen hatte, meuterten als erste die Reiter unter dem Befehl Parmenions, die sich bei allen früheren Schlachten und Gefechten immer besonders mutig für Alexander geschlagen hatten.

Gab es genug wärmende Kleidung und Decken? Wie überstanden die Männer die grimmig kalten Nächte ohne Holzvorräte für wärmende Lagerfeuer? In den alten Berichten ist weder von warmem Unterzeug und Wollkappen, geschweige denn von Wollschals oder Handschuhen und dicken Strümpfen die Rede!

Alexander reagierte schnell und schickte die Meuterer heim. An ihre Stelle setzte er junge persische Freiwillige, die mit ihm den Krieg fortsetzen wollten.

Alexander wusste: So leicht wie zu Beginn des großen Feldzugs würde er nicht mehr vorrücken können. Er hatte sich und seine Truppen nicht geschont, und zudem wurden die ersten der persischen Satrapen, die sich ihm ergeben hatten, wortbrüchig. Sie verbündeten sich heimlich hinter seinem Rücken mit anderen Unzufriedenen. Als Alexander weitergezogen war, zettelten Satrapen und Fürsten Rebellionen und Aufstände gegen die makedonische „Schutzmacht" an. Mühsam mussten sie nochmals unterworfen und bestraft werden.

Noch etwas wandelte sich während des weiteren Vormarsches, nämlich die Art der Kriegsführung. Die Fürsten der Bergregion des Hindukusch und der Randzonen des Pamir-Gebirges operierten mit beweglichen Verbänden, schnellen berittenen Truppen. Sie kannten die Gegend weit besser als die Eindringlinge, wussten, wo sich geeignete Rückzugsorte befanden: enge Täler, Schluchten mit Höhlen oder schwer zu erreichende Bergkämme. Kleine Trupps brachen aus dem Hinterhalt hervor, oft auch im Dunkel der Nacht, überfielen die Nachhut von Alexanders Heer, den nur leicht bewaffneten Tross aus schwerfälligen Kamelkarawanen, erschlugen die Wächter und raubten Vorräte. Ehe stärkere Truppen zur Hilfe heraneilten, waren die Räuber mitsamt ihrer Beute und den Gefangenen längst wieder in den Bergen verschwunden. Heute nennen wir eine solche Art der Kriegsführung Guerilla- oder Partisanentaktik.

Die Kämpfe selbst um kleinere Orte und Bergfestungen waren härter geworden. Alexander selbst sollte das wenig später, bereits in Indien, beim Erstürmen einer Burg des Stammes der Maller erfahren: Die erklommene Sturmleiter brach unter ihm zusammen. Sogleich war er von feindlichen Bogenschützen und Speerschleuderern umringt. Ein Pfeilschuss durchdrang seinen Panzer bis tief in die Brust. Ein Keulenschlag traf ihn am Hals, und der Schmerz war so heftig, dass ihm für kurze Zeit das Augenlicht schwand. Hätten sich nicht die beherzten Makedonen und Griechen auf die Feinde gestürzt und sie niedergehauen, so wäre der bislang so triumphal verlaufene Alexanderzug hier an sein Ende gekommen.

Trotz aller Hindernisse wurde der Vormarsch der Hellenen nicht gestoppt. Nach endlosen Märschen durch die Ausläufer des Hindukusch erreichten die Männer endlich die Steppen und Ebenen des Landes nördlich der Berge.

Von der Stelle, an der die Truppen Alexanders den Fluss Oxus (heute Amur-Darja) erreichten, waren es noch sechshundert Kilometer bis zu der Stadt, die wir heute unter dem Namen Samarkand in Usbekistan kennen. Hier wurde die Armee in mehrere Gruppen aufgeteilt. Ein Heeresarm zog vierhundert Kilometer weiter bis zum Fluss Jaxartes, den wir heute Syr Daja (in Kasachstan) nennen. Ein anderer Teil der Truppen erreichte den Ort, der heute als Buchara (in Usbekistan) bekannt ist.

Doch Alexander wurde aufgehalten, als es in seinem Rücken, in der Landschaft Sogdiane im heutigen südlichen Usbekistan, zu einem Aufstand kam, der sich längere Zeit hinzog. Spitamenes, der Herrscher dieser Gegend, hatte den vor Alexander flüchtenden Bessos gefangen genommen und den Griechen ausgeliefert. Dafür erwartete er deren Abzug aus seinem Herrschaftsgebiet. Doch die Griechen dachten nicht daran. Nun mussten sie also sieben Städte in der Sogdiane erobern und die Skythen von jenseits des Oxus besiegen, die Spitamenes auf seine Seite hatte ziehen können. Diese Skythen waren Meister der beweglichen Reiterangriffe, bestens in Schuppenpanzer gehüllt und mit den stärksten Bogen ausgerüstet. Vom anderen Ufer aus verspotteten sie die Makedonen und Griechen und ließen Pfeile auf sie niederregnen.

Alexander rückte ans Wasser heran. Er ließ mit Flößen und Booten schwimmende Brücken errichten, über die Belagerungs- und Schleudermaschinen über den Fluss geschafft wurden. Als die ihre Geschosse und Steine schleuderten und die wieder vereinigten makedonisch-griechischen Truppen hinter ihnen vorgingen, wichen die skythischen Reiterscharen in die Weiten der Steppen zurück.

Alexander gelang es durch geschicktes Taktieren und Verhandeln, einige Feinde und Mitverschwörer des Spitamenes abzuwerben. Allmählich kehrte Ruhe an dieser Front ein. Als Beweis dafür, dass sie sich endlich beugten, brachten die einstigen Aufrührer ihren Anführer Spitamenes um und schickten seinen abgeschnittenen Kopf an Alexander. Und der schloss endlich Frieden mit den Sogdiern und mit den Skythen.

Alexanders Freund und treuer Gefährte Kleitos wurde nun zum Vizekönig über Baktrien, das heißt über die Länder nördlich des Hindukusch, erhoben, und der Marsch in Richtung Indien im Jahre 327 fortgesetzt. Von Persepolis in der Mitte des alten Perserreichs bis zum Fluss Oxus war er bereits über 5000 Kilometer lang gewesen.

Alexander musste nun erleben, dass sich erneut Männer aus seiner engsten Umgebung zusammentaten, sich gegen ihn auflehnten und sogar Attentate planten. Manche seiner besten Freunde hatte er verloren und verdiente Befehlshaber hinrichten lassen. Alexander war misstrauisch und einsam geworden. War es nicht besser, jetzt einzuhalten und die Heimkehr zu befehlen, ehe die Truppen noch unzufriedener wurden?

Doch Alexander zerstreute alle Einwände gegen den weiteren Vormarsch und jeden aufkommenden Selbstzweifel. Aus der Heimat war noch einmal Verstärkung an jüngeren Kriegern nachgerückt. Auch die Taktik, junge Perser in die Armee einzugliedern und persische Reiter gleichberechtigt neben makedonische und thrakische zu stellen, hatte sich bewährt. Jetzt galt es, den Blick nach vorn zu richten und weiter vorzurücken.

Je weiter die Truppen von Sogdien und Baktrien südostwärts zur Grenze Indiens vorstießen, desto mehr Gerüchte kursierten über die Wunder und Überraschungen, die sie dort erleben würden. Die sagenhaften Reichtümer Indiens, so hieß es zum Beispiel, würden von riesigen Ameisen beschafft. Sie förderten das unterirdische Gold zu Tage, und die listenreichen Inder jagten es ihnen wieder ab. Andere fremdartige Tiere, groß und mit einem oder zwei Höckern auf dem Rücken, hatte man in Persien schon mit eigenen Augen gesehen. Warum sollte es also in Indien nicht tatsächlich die zwergenhaften Menschen mit Hundeköpfen und überdimensionalen Ohren geben, von denen man immer wieder hörte?

Als die Hellenen über den Khaiberpass in die Ebenen am Indus hinabstiegen, zogen ihnen indische Fürsten und ihr Gefolge entgegen, die friedlich gestimmt waren und sich mit ihnen verbünden wollten. Mit Bündnissen Politik zu machen, war Alexander schon seit seiner Jugend aus Griechenland und Makedonien vertraut. Miteinander zerstrittene Stämme und Stadtstaaten schlossen für

Indische Fürsten besaßen Kriegs- und Paradeelefanten

kurze Zeit einen Pakt, um gemeinsam einen größeren Gegner abzuwehren. Immer wieder hatte Alexander großes Verhandlungsgeschick mit besiegten Völkern und ihren Fürsten bewiesen. Das kam ihm nun auch zugute, als er auf die indischen Fürsten mit ihren geschmückten Paradeelefanten traf.

Hoch oben auf dem Rücken der mächtigen Tiere hockten die Herrscher in Sänften über der Menge. Die Elefanten waren bunt bemalt, mit verzierten Tüchern und Girlanden behängt. Die Fürsten trugen prächtige Kleidung aus Seidenstoffen. Ganz friedlich schritten die Elefanten auf ihren mächtigen Beinen einher. Ihre langen Rüssel schwankten, lange, weiße Stoßzähne ragten aus dem Kiefer hervor, oft auch sie geschmückt und mit Bändern verziert. Auf Zuruf ihres Lenkers, des im Nacken hockenden Mahout, hielten die Tiere an, schritten wieder voran oder hockten sich auf Kommando schwerfällig zu Boden, um die Reiter auf- und absteigen zu lassen.

Fünfundzwanzig gezähmte Elefanten wurden den Hellenen zum Geschenk gemacht. Alexander ließ sie erst einmal zurück. Es galt, den feindlich gesonnenen König Poros zu besiegen, der sich den Griechen mit einem starken Heer jenseits des Flusses Hydaspes zum Kampf stellen wollte. Fünfzehn Elefanten hatte Poros auf dem Weg zum Hydaspes freigelassen. Alexander befahl, sie einzufangen, doch die Pferde scheuten vor ihnen zurück. Ihr Geruch und ihr lautes Trompeten machten sie scheu.

Das Klima hatte sich geändert. Waren die Eroberer in den vergangenen Jahren meistens über trockene Hochebenen, ausgedörrte Steppen und kahle Gebirge gezogen, so setzte jetzt andauernder Regen ein. Der Monsun stürzte wie aus Kübeln auf die Männer herunter, machte Wege sumpfig und kaum passierbar, ließ scheinbar harmlose Bachläufe und Flüsse über die Ufer treten. Insektenschwärme setzten den geplagten Soldaten zu. Mehr als vierzig Tage soll es ohne Unterbrechung geregnet haben. In anderen Berichten ist sogar von mehr als zwei Monaten die Rede!

Vermutlich setzten diese Widrigkeiten auch den indischen Truppen und dem greisen Herrscher Poros zu. Sie erwarteten Alexander am jenseitigen Ufer des Hydaspes, um ein Vielfaches an Reitern, Fußkämpfern und Bogenschützen überlegen. Allein dreihundert Kampfelefanten standen ihnen zur Verfügung! Einige der Tiere trugen zusätzlich zu den gefährlichen Stoßzähnen einen fest an den Leib gebundenen harten Sporn.

Alexander beauftragte Ortskundige, nach einer günstigen Furt durch den mächtig angeschwollenen Fluss Hydaspes zu suchen. In der Nacht ließ er die mitgezogenen Handwerker hämmern und klopfen, damit die Truppen des Poros nicht merkten, dass sich das Hauptheer in einem schnellen Nachtmarsch trotz des schlechten Wetters fünfundzwanzig bis dreißig Kilometer flußaufwärts davonstahl und dort das flachere Wasser durchquerte. Den Griechen und ihren Verbündeten kamen ein starkes Gewitter mit Blitz und Donnerschlägen und ein heftiger Sturm zu Hilfe, als sie sich unbemerkt absetzten.

Es waren 1000 Bogenschützen, 4000 Reiter und 10 000 Mann Fußtruppen, die über den schnell dahinfließenden Hydaspes setzten. Mit improvisierten Flößen aus Tierfellen und Strohballen und rasch zusammengezimmerten Booten gelangten die Griechen über den Fluss. Dicht gestaffelt stand am anderen Ufer das riesige Heer des Poros. Im Zentrum waren die Fußtruppen aufgereiht. Neben den Speerträgern und Bogenschützen standen die kampfbereiten Kriegselefanten. Auf ihnen, wo sonst bei feierlichen Umzügen die Fürsten saßen, hockten jetzt Bogenschützen und Bewaffnete, die von oben herab Speere warfen. Ganz außen waren die indischen Kampfwagen postiert.

Poros hatte nicht damit gerechnet, plötzlich von der Seite angegriffen zu werden. Doch schnell schickte er Fußtruppen gegen die Griechen vor. Auch die Elefanten setzten sich in Bewegung. Über den Verlauf der Schlacht heißt es in einem alten Bericht:

Alexander im Schlachtgetümmel. Relief vom sogenannten Alexandersarkophag

„Zuerst war eine Phalanx im Laufschritt angerückt. Gegen sie brach die Linie der Elefanten los. Es begann der fürchterlichste und mörderischste Kampf. Die Tiere rissen die dichtesten Reihen auf, zerstampften sie, schlugen sie heulend mit ihren Rüsseln nieder, durchbohrten die Gegner mit ihren Stoßzähnen. Jede selbst erlittene Wunde machte sie noch wütender.
Die Makedonen wichen nicht. Auch als ihre Reihen aufgelöst waren, kämpften sie weiter, griffen einzeln die Elefanten an."

Poros war auf seinem Leitelefanten klar zu erkennen. Gegen ihn richteten sich besonders viele Pfeilschüsse und Speerwürfe, sodass er schließlich schwer verwundet aus der Kampflinie weichen musste. Damit brach der Widerstand seines Heeres gegen die Griechen zusammen. Sein Elefant soll die Niederlage erkannt und sich sanft zu Boden gleiten lassen haben, auf dass der König absteigen konnte, ja, er soll sogar mit seinem Rüssel die Pfeile aus Poros' Körper gezogen haben. Alexander ließ den Verletzten herbeischaffen und seine Wunden versorgen.

Nach der Schlacht versöhnten sich die Heerführer. Alexander zog weiter, dem Ganges zu. Zuvor setzte er Poros wieder als König in seinem Fürstentum ein.

Kühne Planung und Wagemut hatten einen letzten großen Sieg ermöglicht. Alexanders kampferprobte Soldaten hatten sich erneut gegen eine feindliche Übermacht durchsetzen können. 20 000 Inder waren getötet, hundert Elefanten abgeschlachtet worden. Bis zu 4000 Griechen und Verbündete fanden in der Schlacht den Tod. Auch Alexanders geliebtes Schlachtross Bukephalos hatte im Kampf tödliche Verletzungen erlitten, denen es kurze Zeit später erlag.

Von allen Kriegen wird berichtet, welche Opfer die Menschen brachten, wie viele Tote und Verwundete es auf beiden Seiten gab. Über die Tiere, die an den Feldzügen teilnahmen, wird meist kein Wort verloren. Das gilt auch für die Schlachten Alexanders. Dabei hätte keine der beteiligten Parteien auch nur einen Schritt über die Grenzen tun können ohne die Hilfe von Tieren.

Es waren Ochsen, die im Tross mit überladenen Wagen auf schlechten Wegen und im felsigen, sandigen Gelände der vorauseilenden Armee folgen mussten. Wir wissen kaum etwas darüber, wie schwer Esel und Mulis oder Kamele belastet wurden, um Vorräte zu tragen und Beute fortzuschleppen. Wir können uns nur vorstellen, wie die Tiere in der Hitze oder bei Sand- und Schneestürmen gelitten haben, wenn ihnen Tag für Tag wieder schwere Lasten aufgebürdet wurden, wie hart ihr Leben bei knappem Futter und zu wenigen Wasserstellen war.

Vor allem aber waren es Pferde, die im Krieg gebraucht wurden. Die Reiterverbände der Makedonen und Perser und die von Pferden gezogenen Kampfwagen waren in kleinen Gefechten, mehr noch in den großen Schlachten kampfentscheidend. Standen die beteiligten Armeen vor dem Zusammenstoß noch weit voneinander entfernt, so waren es Berittene, die wichtige Informationen und brisante Nachrichten von hier nach dort bringen mussten. Waren schon in Friedenszeiten Postpferde oft bis an die Grenze der Erschöpfung und des Zusammenbruchs getrieben worden, so wuchsen im Krieg die Anforderungen noch. Je schneller eine Nachricht ihr Ziel erreichte, desto besser. Vor dem Ausbruch von Kampfhandlungen dienten Pferde den Kundschaftern und Nachrichtenreitern auch dazu, die Stellung des Gegners auszuspähen.

Kam es zum Kampf, so mussten neben den Menschen die Pferde am meisten leiden. Pfeile wurden auf sie abgeschossen, um den Reiter zum Sturz zu bringen, Lanzen und Speere in ihre Leiber gerammt. War die Schlacht vorbei, das Gemetzel beendet, hörten die Belastungen für die Pferde noch lange nicht auf. Dareios und seine Begleiter etwa brauchten sie dringend, um zu flüchten. Alexander hat sein Lieblingspferd Bukephalos nach den ermüdenden Kämpfen meist gegen ein frisches getauscht. Mit immer wieder gewechselten Pferden jagte er nach der Schlacht von Gaugamela dem fliehenden Perserkönig in die Berge hinterher. Sechshundert Kilometer soll er dabei in zehn Tagen zurückgelegt haben. Welch elende Schinderei das für die Pferde bedeutete, können wir nur ahnen.

Wovon wir noch hätten berichten können: Wir lesen nur von den Taten des Königs Alexander, von seinen Truppen und ihren Gegnern. Doch was geschah mit der Bevölkerung der eroberten und oft geplünderten Städte und Landschaften? Blieben die Menschen in Trümmern zurück, begannen sie mit dem Wiederaufbau von Hüt-

ten und Häusern, der Aufzucht ihrer Tiere, der Neubestellung ihrer abgeernteten oder verbrannten Felder?
Was wurde aus den Mädchen und Frauen? Warteten die Frauen und Freundinnen der Soldaten zu Hause in Makedonien oder in den griechischen Städten auf die Rückkehr der „Helden"? Versteckten sich die Frauen in Asien vor den Eroberern, flohen sie vielleicht sogar ins Ungewisse?
Über all diese Dinge wissen wir so gut wie nichts. Doch eine interessante Auskunft findet sich: Auf den Feldzügen Alexanders waren Frauen dabei, im Tross und in der Nachhut. 10 000 Kinder, mit Soldaten als Vätern, wurden während all der Jahre des Mordens geboren. Was aus ihnen wurde und wie ihr Leben verlief, wäre ein weiteres Buch wert – vermutlich ein ziemlich dickes.

Eine Sphinx, wie sie zu Hunderten die Triumphstraßen von Babylon säumten

Das Ende in Babylon

Tod eines Helden

Zwar war gegen den übermächtigen Poros und seine Elefantenarmee ein überzeugender Sieg errungen worden, aber was sollte nun folgen? Poros hatte sich Alexander unterworfen und war jetzt in seinem Land ein Unterkönig von Alexanders Gnaden. Vom Reich des Poros aus war es nicht mehr allzuweit zum mächtigen Strom Ganges, der ein riesiges Gebiet durchquerte, bevor er in den Ozean mündete. Lag dahinter wirklich der östliche Rand der Welt?

Alexander wollte weiter nach Osten ziehen, doch wozu, wozu weiter, immer noch weiter, fragten sich seine Soldaten, zumal sich jetzt auch die Wettergötter gegen die Hellenen zu verbünden schienen? Woche um Woche strömte in der Monsunzeit das Wasser vom Himmel. Nirgends in den Wäldern und im offenen Gelände gab es noch Flecken, wo die Truppen ihre Vorräte trocken halten, die langsam verfaulende Kleidung in Ordnung bringen konnten. Die eisernen Teile der Rüstungen rosteten ebenso wie Schwerter, Lanzenspitzen und Helme. Gestank breitete sich aus, unbekannte Krankheiten setzten den Soldaten zu. So kam es nach den Meutereien der Vergangenheit neuerlich zum Aufruhr. Die Männer wollten umkehren, nach Hause ziehen. Der Weg hierher war lang genug gewesen.

Bei früheren Meutereien hatte Alexander es immer wieder geschafft, mit Überreden, mit Drohungen, sogar mit Hinrichtungen der Wort- und Rädelsführer seine Armee zum Weitermarsch zu bewegen. Diesmal waren auch die Unterbefehlshaber auf Seiten

der Unzufriedenen und Erschöpften. Da half es nicht, dass sich Alexander gekränkt für drei Tage in sein Zelt zurückzog.
Als es zur letzten entscheidenden Versammlung und Aussprache kam, überstimmten die Soldaten geschlossen ihren Feldherren. Der gab sich geschlagen und ordnete den Rückzug an.
An den Ufern des Hydaspes begann eine lebhafte Bautätigkeit. Balken und Bretter wurden aus Baumstämmen gesägt, Flöße, Boote und Schiffe gebaut. Nicht die ganze Armee sollte den Hydaspes und von da aus den Indus bis zum Meer hinabfahren, sondern nur ein Teil der Truppe mit Alexander an Bord. Links und rechts des Flusses zogen zwei größere Heeresteile, um die Boote und Schiffe zu sichern und den Widerstand der dort lebenden Völker zu brechen. Hier geschah es, dass Alexander beim Sturm auf eine Stadt schwer verwundet wurde. Danach war er für längere Zeit außer Gefecht gesetzt. Erst halb genesen, soll er nach erschöpfendem Ritt und von Durst geplagt an einem Fluss verdorbenes Wasser getrunken haben. In der Folge wurde er von starken Fieberschüben geschüttelt. Vermutlich hatte er Typhus. Doch er erholte sich wieder.
Land- und Seekarten standen dem Heer nicht zur Verfügung. Kundschafter konnten nur kurze Strecken vorausgeschickt werden, um herauszufinden, wohin sich die Armee wenden sollte. Oft mussten Alexander und seine Ratgeber in einem gerade eroberten Gebiet die Besiegten befragen, wo sie sich befanden. So darf es nicht verwundern, dass Alexander glaubte, am Indus sei er an die Quellen des Nil geraten! Schwammen doch in den Fluten Krokodile, Lotosblüten und Papyrusstauden, wie sie den Hellenen vom Feldzug in Ägypten wohlvertraut waren. Erst als die kleine Flotte durch das Indus-Delta die offene See ereichte, überzeugte Alexander sich von seinem Irrtum.
Am unteren Indus teilte Alexander abermals seine Truppen. Ein Teil sollte unter Führung des Krateros durch die bereits bekann-

ten Steppen Arachosiens ziehen, die Flotte unter dem Kommando des erfahrenen Seemannes Nearchos Kurs entlang der persischen Küste nehmen. Er selbst schlug den Weg durch die Wüstenlandschaften ganz im Süden des Iran nach Westen ein.
Für die Seefahrer verlief diese Reise gut und sicher; nur drei Schiffe gingen verloren. Für Alexander selbst, der mit 30 000 Mann und dem dazugehörigen Tross durch die Gedrosische Wüste des heutigen Belutschistan zog, wäre sie fast zu einer Katastrophe geworden. Die Satrapen jener Region lieferten nicht, wie ihnen befohlen war, Nachschub für die Truppen. Die mitgeführten Nahrungsvorräte reichten nicht aus; viele Brunnen und Wasserstellen waren entweder ausgetrocknet oder von den flüchtenden Nomaden vergiftet worden. Nur mit größter Mühe erreichte Alexander mit einem Teil seiner Truppen den vereinbarten Treffpunkt nahe der Hafenstadt am Ausgang des Persischen Golfs, die heute Bender-Abas heißt. Nearchos überbrachte Alexander hier die gute Nachricht, man könne auf dem Wasserweg ohne Schwierigkeiten zur Mündung des Tigris kommen und von dort weiter nach Babylon reisen. Auch auf dem Landweg drohten von jetzt an, auf dem Weg über Persepolis und Susa im persischen Kernland nach Babylon, keine Gefahren mehr.
Immer wieder haben Geschichtsforscher darüber gerätselt, warum Alexander die scheinbar völlig sinnlose Expedition durch die Wüsten Gedrosiens angeordnet hatte. War er nur schlecht unterrichtet? Wollte er sich und seine Männer prüfen, wissen, wie viel Härte sie noch vertragen konnten nach all den Belastungen der vergangenen Feldzüge? Oder wollte er sich und der Welt beweisen, dass er der Größte war? Denn vor ihm waren schon die sagenhafte Königin Semiramis und der große Herrscher Kyros bei dem Versuch gescheitert, die tödliche Wüste im Süden Persiens zu bezwingen. Es scheint, dass Alexander der ganzen Welt zeigen wollte, wozu entschlossene Hellenen fähig waren.

Doch diesmal hatte er sich verschätzt. Nur ein Viertel seiner Truppen überlebte den Marsch durch die Gedrosische Wüste.

Sehr zum Unmut der Makedonen und Griechen, die an ihren alten Lebensformen festhielten, hatte Alexander 327 Roxane geheiratet – eine baktrische Fürstentochter, die nicht einmal Griechisch sprach! Damit nicht genug, ehelichte Alexander, kaum ins Zentrum seines Reichs zurückgekehrt, dazu noch eine Tochter des Dareios und eine weitere Verwandte des persischen Königshauses. Aber hatte sein Vater Philipp nicht sieben Ehefrauen gehabt? Warum sollte dann er, ein viel mächtigerer Herrscher, als sein Vater es gewesen war, nicht das gleiche Recht haben?
Diese Heiraten hatten auch den politischen Sinn, die persische Oberschicht eng mit den Makedonen zu verbinden. Die Idee, die früheren Gegensätze und Feindschaften zwischen Hellas und dem persisch beherrschten Orient zu beseitigen, hatte zunehmend von Alexander Besitz ergriffen. So ordnete er 324 eine Massenhochzeit in Susa an, bei der an die hundert griechische und makedonische Offiziere und 10 000 makedonisch-griechische Soldaten mit persischen Mädchen und Frauen verheiratet wurden. Bereits vorher geschlossene Ehen von Griechen mit Frauen der unterworfenen Völker wurden als vollwertig anerkannt. Waren aus den Verbindungen Kinder entsprossen, wurde den Männern großzügiger Urlaub, oft auch die Rückkehr nach Europa gewährt.

Alle Geschichtsschreiber, die sich mit Alexander beschäftigt haben, sind sich in einem Punkt einig: Er war mutig, scheute keine Gefahr, stürzte sich verwegen – oft geradezu unüberlegt – in jedes Kampfgetümmel und blieb bei Zweikämpfen meistens Sieger. Oft genug jedoch geriet er in Gefahr, selbst getötet zu werden. Hätten ihn nicht seine Freunde oder herbeigeeilte Mitkämpfer herausgehauen, wäre es wohl nie dazu gekommen, dass er ein Weltreich erobern konnte.

Solcher Mut blieb nicht folgenlos, und da Alexander durch sein schönes Kampfross, die prächtige Rüstung und den Federbusch am Helm deutlich von den anderen Soldaten zu unterscheiden war, richteten sich feindliche Schwerter, Lanzen und Pfeile besonders gegen ihn, machten fremde Krieger – mutig auch sie – während der Schlachten Jagd auf ihn. Bei der Belagerung von Kyropolis in der Sogdiane wurde Alexander durch einen Pfeilschuss am Hals getroffen. In einer anderen Schlacht wurde seine Wade von einem Speerstoß durchbohrt und ein Unterschenkelknochen gebrochen. Beim Ansturm über Leitern zur Eroberung einer Festung stürzte Alexander ab und fand sich am Boden von Feinden umringt. Ein mächtiger Schlag auf den Helm spaltete den Kopfschutz und trug ihm eine Gehirnerschütterung ein. Auch hier hätte er nicht überlebt, wären ihm seine Kampfgefährten nicht zu Hilfe geeilt.

Bei anderen Kämpfen trug der König eine schwere Gesichtsverletzung davon. Weitere Verwundungen zog sich Alexander durch einen Schwerthieb gegen einen Schenkel zu. Eine besonders schwere Wunde riss ein Pfeilschuss in seine Lunge. Der Schaft wurde abgebrochen, die Pfeilspitze herausoperiert – ohne Betäubung des Patienten. Einige Historiker meinen, der König hätte sich gerade von dieser Verwundung nie wieder gänzlich erholt. Doch meist erhob er sich schon nach wenigen Tagen wieder vom Wundlager. Der Krieg musste weitergehen!*

Schließlich hatte Alexander so viele Verwundungen erlitten, dass kaum ein Körperteil ohne Narben blieb. Wer pflegte ihn, versorgte die Verletzungen? Die medizinischen Kenntnisse der Griechen waren zwar weit entwickelt, doch gab es keine Betäubungsmittel, wie sie heute angewendet werden, keine schmerzstillenden Tabletten oder Spritzen und Infusionen. Auch Schutzimpfungen waren unbekannt, und so blieb es nicht aus, dass die Hellenen auf ihrem Jahre währenden Kriegszug von verschiedenen Krankheiten heimgesucht wurden: Typhus durch den Genuss schlechten Wassers, Sumpf-

fieber in feuchten Gebieten, Durchfallerkrankungen nach dem Genuss fremder Speisen, Hitzschlag beim Marsch durch Wüsten und Trockensteppen, Seuchen nach Dauerregen. Auch Alexander erkrankte wohl an Typhus. Fieberanfälle gaben den Ärzten Rätsel auf. Ihr altbewährtes, aber nicht immer hilfreiches Heilmittel war der Aderlass, bei dem den Kranken eine große Menge Blut abgezapft wurde.

Ohne Lastkamele wäre die Durchquerung von Wüsten unmöglich gewesen.

Alexander war ein ungeduldiger Patient. Selbst wenn die Ärzte ihm Ruhe und einige Tage Schonung verordnet hatten, stand er sehr bald schon, oft zu früh, wieder vor seinen Truppen, feuerte sie zu neuen Taten an, schwang sich auf sein Ross, ritt auf den fernen Horizont zu. War der nächste Sieg errungen, musste ein Triumphzug ausgerichtet werden für die eigenen griechischen und die fremden, neuen Götter des eroberten Landes. Alexander selbst saß dabei auf einem

besonders prunkvoll geschmückten Wagen und ließ sich zujubeln. Anschließend wurde gefeiert, nicht nur einen Abend oder einen Tag lang – manchmal eine ganze Woche hindurch. Und dabei wurde getrunken, vor allem unverdünnter Wein. In einem sind sich die Geschichtsschreiber einig: Alexander war kein munterer, harmlos beschwipster Zecher. Er war ein Trunkenbold, der im Rausch nicht mehr Herr seiner Sinne war und dabei besinnungslos Untaten beging, die er später – oft zu spät – bitter bereute.

In Griechenland und Makedonien war während des langen Persien- und Indienfeldzugs Ruhe eingekehrt. Alexander wurden aus der Ferne höchste Ehren verliehen, ja, ihm wurde von den sonst so demokratisch regierten Stadtstaaten Griechenlands ein geradezu gottähnlicher Rang verliehen. Alexander bedankte sich, indem er anordnete, dass allen von den griechischen Stadtstaaten zuvor abgeurteilten Verbannten, darunter vielen, die ihm Widerstand geleistet hatten, Straffreiheit zu gewähren sei und sie wieder in ihre Herkunftsorte zurückkehren dürften.

Von Babylon aus organisierte Alexander seine Armee neu. Nachdem er die Veteranen seiner Feldzüge in die Heimat verabschiedet hatte, gliederte er neben den Neuzugängen aus der Heimat vor allem persische Offiziere und Soldaten dem Heer ein. Die Kampftaktik blieb makedonisch, aber das Heer war nun aus unterschiedlichen Völkern zusammengestellt. Wieder gab es Widerstand seiner Offiziere und Soldaten, neue Meutereien. Diesmal unterdrückte sie der König brutal, weil sie seinen weiteren Plänen im Wege standen.

Schon seit seiner Kindheit am makedonischen Hof und seiner Jugendzeit unter Kriegern gehörte es zu Alexanders Leben, dass die Welt in Freunde und Feinde zerfiel – Freunde, denen er vertraute und die er lebenslang an sich zu binden versuchte, und Feinde, die ihm seinen Herrschaftsanspruch strittig machen wollten. Was

ebenfalls schon früh erkennbar gewesen war: Alexander neigte zu unmäßigen Wutanfällen. Und wenn dann noch Alkohol im Spiel war, kannte seine Wut keine Grenzen mehr. Parmenion, seinen altgedienten Feldherren, der ihn die Schlacht von Issos hatte gewinnen helfen, ließ er wegen des Verdachts, er könne eine Verschwörung gegen ihn unterstützen, 330 ermorden, seinen Schulfreund Kallisthenes, der in Alexander mehr und mehr einen Tyrannen gesehen hatte, ließ er steinigen. Seinen engen Freund Kleitos, der ihm in der Schlacht am Granikos das Leben gerettet hatte, erstach er betrunken nach einem Streit in Marakanda, dem heutigen Samarkand in Innerasien. Alexander, der mächtige Herrscher, wurde zum argwöhnischen, unberechenbaren Tyrannen.
Bevor er nach Makedonien heimkehrte, wollte Alexander seine inzwischen noch größer gewordene Flotte nach Italien zu den dortigen griechischen Pflanzstädten fahren lassen. Sie sollte ihm auch das westliche Mittelmeer unterwerfen. Andere Schiffsverbände sollten die Phönizier in Nordafrika bezwingen und sie zu neuen Verbündeten machen, mit denen zusammen Afrikas unbekannte Küsten umrundet und vor allem Arabien erforscht und besiegt werden konnten. Alexanders Hunger nach Ferne und fremden Völkern war noch nicht gesättigt.
Zunächst aber beanspruchte Babylon selbst seine Aufmerksamkeit. Neue Kanäle sollten vom Tigris zum Euphrat gezogen, alte wiederhergestellt werden. Der Tempel für die oberste Gottheit der Stadt drohte zusammenzufallen. Alexander ließ ihn wieder aufrichten und noch höher mauern. Die Vision eines Turms zu Babylon, der den Himmel berührt und damit den Göttern näher rückt, muss ihn begeistert haben.
Doch dann begann das Jahr 323, und alles kam anders, als Alexander geplant hatte. Mitte 323 fühlte sich Alexander plötzlich müder und schwächer. Oft musste er Beratungen mit seinen Offizieren vorzeitig abbrechen, sich im Bad erholen und lange schlafen.

Schließlich konnte er sein Ruhelager nicht mehr verlassen. Er wurde vom Fieber geschüttelt. Vielleicht war es das Sumpffieber, die Malaria, oder eine neue Typhuserkrankung. Alexander hatte seinen Körper nie geschont, und das rächte sich nun. Als die Truppen schon seit Tagen nichts mehr von ihm vernommen hatten, forderten sie, ihren Befehlshaber zu sehen. Sie wurden vorgelassen und zogen in langen Kolonnen an ihm vorbei. Alexander konnte nur noch matt die Hand zum Gruß erheben.
Am 10. Juni 323 starb er, noch nicht einmal 33 Jahre alt.
Sein Leichnam wurde mumifiziert. Einer seiner Nachfolger, der Heerführer Ptolemäus, ließ ihn nach Memphis in Ägypten überführen. Eigentlich hatte sich Alexander in der Oase des Heiligtums von Siwa beisetzen lassen wollen. Auch dort zeigen die Archäologen heute noch Stätten, in denen der große König einst zur letzten Ruhe gebettet worden sein soll. Heute nehmen an die zwanzig Orte für sich in Anspruch, Ruhestätte von Alexanders Gebeinen zu sein. Wirklich geblieben ist von ihm nur sein Ruhm.

Wie um alle wichtigen Etappen seines Lebens ranken sich auch um Alexanders frühen Tod unterschiedliche Geschichten. Die eine behauptet, eifersüchtige und feindselige Griechen hätten ein schleichend wirkendes Gift beschafft, an dem der König langsam zugrunde gegangen sei. Andere verweisen auf den Raubbau, den der König jahrelang an seiner Gesundheit getrieben hätte. Nie ließ er sich Zeit, die erlittenen Kriegsverletzungen und schweren Wunden der Feldzüge auszuheilen. Die unmäßigen Gelage, die Tag für Tag in Babylon veranstaltet wurden, hieß es, hätten seine letzten körperlichen Reserven aufgezehrt. Andere Geschichtsforscher weisen auf die verseuchten Sumpfgebiete um Babylon hin. Ihr Fazit: Alexander ist an Malaria tropica gestorben, die auch heute noch tödlich verlaufen kann.

Alexander: der Große

Sollen wir anderen schildern, wie wir einen Freund oder Verwandten sehen, fällt uns das oft nicht leicht. Und erst das Thema Personen- oder Bildbeschreibung in der Schule – für die meisten eine fürchterliche Aufgabe! Wie schwierig ist es da, eine Persönlichkeit zu erfassen, die vor mehr als 2000 Jahren gelebt hat. Versuchen können wir es.

Wie Alexander als junger Mann aussah, wissen wir ziemlich genau. Dass er robust gebaut war, einen schimmernden Blick hatte und äußerst beweglich wirkte, ist durch mehrere Zeitgenossen verbürgt. Auch wie kraftvoll seine Stimme war, wie viele Zuhörer sie in ihren Bann ziehen konnte, lässt sich bei Geschichtsschreibern und in den Berichten von Freunden nachlesen. Doch was trieb ihn an? War er vor allem Erbe und Vollender dessen, was ihm sein Vater Philipp hinterlassen hatte? Führte er nur aus, was seine makedonische Umgebung, der Hof, die Adligen und das Militär, von ihm erwarteten?

Die Mutter und der Vater erwarteten schon vom Kind Alexander, dass es sich hervortat und Ungewöhnliches leistete. Alexanders Überzeugung, mit Achill, dem Recken von Troja, oder gar mit Herakles und dem Göttervater Zeus verbunden zu sein, weckte bei allen, die ihm begegneten, hohe Erwartungen. Wie viel davon strömte von außen auf ihn ein, wie viel rührte aus seinem eigenem Ehrgeiz?

Nach heutigen Maßstäben war Alexander absolut fit; er wurde sogar als Teilnehmer für die Olympischen Spiele seiner Zeit vorgeschlagen. Er muss über Jahre in Topform gewesen sein, sonst hätte er die strapaziösen Märsche, die tagelangen Ritte und vor allem auch die zahlreichen Kriegsverletzungen aus härtesten Kämpfen nicht so gut überstanden. Natürlich war er hochintelligent, dazu zäh im Ertragen von Belastungen jeder Art. Durch die frühe Teilnahme an den Feldzügen des Vaters gewann er rasch erste Einsichten in strategisch wichtige Überlegungen vor Gefechten und im Umgang mit Soldaten. Viele Jahre hindurch bewies er sich und seinen Männern, was ein starker Wille und Durchsetzungsvermögen ausrichten können.

Zeitlebens blieb er ein musischer Mensch. Schon als Kind liebte er Dichtung und Gesang. Auf seinen Feldzügen begleiteten ihn neben Wissenschaftlern, Ingenieuren und Landvermessern Künstler – Musiker, Maler, Bildhauer –, die auch an den ausgelassenen Festgelagen nach den Siegen oder an Opferfeiern für die verschiedenen Götter teilnahmen.

Alexander war beweglich, „flexibel", wie wir heute sagen, er konnte sich an wechselnde Umstände anpassen, sei es in Bezug auf fremde Götter, klimatischen Wechsel oder den Umgang mit Menschen fremder Länder. Dabei mögen politische oder religiöse Gründe entscheidend gewesen sein – oder aber seine eigenen sich wandelnden inneren Überzeugungen. Fest steht, dass der freundliche und tolerante Umgang mit Besiegten ihm den Respekt der Ägypter, Perser und Babylonier einbrachte. Durch diese Haltung konnte Alexander neue Bundesgenossen gewinnen und sie in seine Armee eingliedern – nicht immer zur Freude oder mit Zustimmung seiner makedonischen Landsleute und der verbündeten Griechen.

Freunden bewies er oft lebenslange Treue; Männerfreundschaften waren ihm wichtiger als seine Beziehungen zu Frauen. Eine besonders innige Beziehung hatte er jedoch Zeit seines Lebens zu seiner Mutter. Er schrieb ihr aus dem Krieg, sandte ihr Geschenke und kostbare Aufmerksamkeiten. Sie erteilte ihm auch

Alexanderbüste aus Alexandria

noch, als er längst ein erfolgreicher Feldherr war, ungefragt gut gemeinte Ratschläge. Alexander war wohl das ungewöhnlichste Muttersöhnchen der Weltgeschichte.

Immer wieder wird berichtet, Alexander sei ein Freund einsamer Entschlüsse gewesen. Ideen und Einfälle, die ihm vielleicht nachts durch den Kopf schossen, wurden schon am folgenden Tag in die Tat umgesetzt. Damit verblüffte er oft seine nächste Umgebung und auch die ihm nahestehenden Befehlshaber. Doch oft hat er mit ihnen allen, später auch mit seinen zaudernden oder murrenden Truppen, diskutiert. Führte dann der nächste Befehl zu Erfolg und Sieg, waren alle vorangegangenen Einwände vom Tisch. Was am Vorabend noch unüberlegt und unausgegoren gewirkt haben mochte, entpuppte sich bei Tageslicht als geniale Strategie.

Es scheint, als habe in Alexander nicht nur ein einziger Mensch gesteckt – er verkörperte vielmehr mehrere Persönlichkeiten. Und die waren höchst widersprüchlich. Er hatte viele Freunde, die ihm durch Dick und Dünn folgten, und immer wieder erlagen andere Menschen seinem Charme. Doch mit zunehmendem Alter wuchs sein Misstrauen auch nahen Freunden gegenüber; vor allem Widerspruch gegen einmal erlassene Befehle konnte er nur schlecht ertragen. Und wenn gar bei einem Gelage Freunde zu sticheln begannen, ihm später, am Hof von Babylon, sein pompöses herrscherliches Gebaren am persischen Hof vorhielten, konnte er völlig außer sich geraten, rabiat mit Früchten und Geschirr um sich werfen, ja sogar gegen beste Freunde mit blanker Waffe vorgehen. In solchen Momenten war er zum Totschlag fähig.

Seine besten Gefolgsleute und engsten Freunde verlor er durch sein ungestümes, zügelloses Wesen. Auch tagelange Reue und Wehklagen verhalfen ihm nicht dazu, ruhiger und ausgeglichener zu reagieren. Im Gegenteil: Argwohn und vernichtende Strafaktionen nahmen zu, nachdem ihm Gerüchte über geplante Attentate und Verschwörungen hinterbracht worden waren.

Spätestens 333, nach der Schlacht von Issos, muss Alexander geglaubt haben, nicht nur von den eigenen Göttern begünstigt zu sein und in ihrem Auftrag gegen die „Barbaren“ vorzugehen, sondern mit seinem Heer unbesiegbar geworden zu sein. Seine Ziele hatten sich verschoben. Es ging nicht mehr darum, die Perser niederzuringen, immer weiter nach Osten vorzudringen und König von Persien zu werden. Alexander wollte der Herrscher der Welt sein: Alexander der Große.

Aber was heißt „groß“?

Groß durch Weitblick und Visionen, durch Macht und herrscherliches Streben? Groß durch Güte, Großzügigkeit, alles beherrschende Ideen, Toleranz und Gnade?

Oder groß durch unersättliche Machtgier, nackte Gewalt und Größenwahn?

Chronik

490 vor Christi Geburt

Die Perser überqueren das Ägäische Meer und erreichen Griechenland. Die Griechen besiegen die Perser in der Schlacht von Marathon, keine fünfzig Kilometer von Athen entfernt, und zwingen sie zum Rückzug. Ein Läufer legt die 42,2 Kilometer bis Athen zurück, überbringt die Siegesnachricht und bricht zusammen. Der Marathonlauf wird Disziplin der Olympischen Spiele und bleibt bis heute bei nationalen und internationalen Wettkämpfen lebendig.

480 v. Chr.

Der persische König Xerxes, Sohn des Dareios, kehrt mit einem riesigen Heer nach Griechenland zurück. Der Geschichtsschreiber Herodot meint, es seien wohl um die fünf Millionen Angreifer gewesen. Ihnen stehen die nur geringen Streitkräfte der Griechen, vor allem der Athener und Spartaner, mit 50 000 Mann gegenüber. Doch die persische Flotte wird in eine Falle gelockt und bei Salamis von griechischen Schiffen vernichtend geschlagen.

479 v. Chr.

Xerxes hat sich mit dem größten Teil seiner Truppen wieder nach Asien zurückgezogen. Reste seines Heeres werden in der Schlacht von Plataä niedergekämpft.

359–336 v. Chr.

Regierungszeit von Philipp II. von Makedonien, des Vaters von Alexander

356 v. Chr.
Um den 20. Juli wird Alexander geboren.

342–340 v. Chr.
Der Philosoph Aristoteles wird durch König Philipp zum Lehrer seines Sohnes Alexander berufen.

338 v. Chr.
Philipp II. siegt in der Schlacht von Chaironeia über die zersplitterten griechischen Stadtstaaten. Er vereinigt sie nach dem Friedensschluss im Korinthischen Bund. Der junge Alexander nimmt aktiv an der Schlacht teil.

337 v. Chr.
Philipp II. heiratet gegen den Widerstand seiner Frau Olympias, Alexanders Mutter, eine zweite Frau, Kleopatra. Alexander wendet sich von seinem Vater ab.
Der Korinthische Bund beschließt einen Feldzug gegen die Perser.

336 v. Chr.
König Philipp II. wird ermordet. Alexander folgt ihm auf den Thron. Die Griechen erheben ihn zum obersten Feldherrn.
Erste Erkundungstrupps der Griechen erreichen Kleinasien, die heutige Türkei. Befehlshaber sind enge Vertraute und Freunde von Alexander, Parmenion und Attalos.
In Persien wird Dareios III. Kodomannos Großkönig des riesigen Reiches.

335 v. Chr.
Für den bevorstehenden Krieg gegen Persien muss sich Alexander den Rücken freihalten. Er besiegt die aufrührerischen Triballer

und Illyrer, zerstört das widerspenstige Theben und vertreibt seine Bewohner.

334 v. Chr.
Alexander überquert den Hellespont, die Meerenge zwischen Europa und Asien, und wendet sich gegen die persischen Provinzherrscher, die Satrapen. Im Mai kommt es zur Schlacht am Granikos. Vor Wintereinbruch besetzt Alexander die Küstenregionen des westlichen und südlichen Kleinasien, die meist von Griechen bewohnt sind.

333 v. Chr.
Erstmals begegnen sich Alexander und Darios III. in der Schlacht bei Issos. Alexander siegt. (Seit Urzeiten heißt die Schülerregel: „333 – bei Issos Keilerei".)

332 v. Chr.
Belagerung von Tyros und Verhandlungen zwischen Alexander und Dareios. Ägypten fällt beinahe kampflos an die griechischen und makedonischen Truppen. Seine Bewohner fühlen sich durch Alexander vom persischen Joch befreit. Der pilgert tief in die Wüste zum Amon-Orakel von Siwa, einer weit entfernten Oase, und lässt sich wie ein ägyptischer Gottkönig feiern.

331 v. Chr.
Gründung von Alexandria in Ägypten, das bis heute diesen Namen trägt. Alexander siegt in der Schlacht von Gaugamela und erobert im Herbst und Winter die Städte Babylon und Susa im Zweistromland, dem Irak unserer Tage.

330 v. Chr.
Alexander erreicht das Herzland des persischen Großreiches mit

der Hauptstadt Persepolis. Ermordung des Dareios. Alexander erwehrt sich der Opposition innerhalb seiner Truppen und lässt den einstigen Vertrauten Philotas hinrichten. Auch Parmenion, ein bewährter Heerführer, wird ermordet.

330–328/27 v. Chr.
Der Nordosten des Perserreichs wird erobert: Hyrkanien, die Sogdiane und Baktrien. Alexander überquert den Khaiber-Pass im heutigen Afghanistan und stößt bis zur Grenze Indiens vor.

327–326 v. Chr.
Der Indus wird überschritten. Mächtige Herrscher setzen sich zur Wehr. Ihre beängstigende Waffe: Kriegselefanten.
Bei Soldaten und Gefolgsleuten breiten sich zunehmend Kriegsmüdigkeit und Widerstand aus; es kommt zu Aufruhr und Meuterei. Alexander lenkt ein und beschließt den Rückzug.
Inzwischen hat er Roxane, eine baktrische Königstochter, geheiratet.

326 v. Chr.
Fahrt auf dem Hydaspes und Indus

325 v. Chr.
Das Indus-Delta und der Indische Ozean werden erreicht. Ein Teil des Heeres zieht unter größten Strapazen durch die Gedrosische Wüste. Ein anderer Teil fährt auf Schiffen die Küste entlang.

324 v. Chr.
Zurück in Susa, im Kernland des alten Perserreichs. Längst geht es Alexander nicht mehr allein um Siege und Herrschaft, sondern um Überwindung der Spannungen zwischen Griechen und Persern. So arrangiert er eine Massenhochzeit zwischen einigen

Nach den vielen Entbehrungen des Marschs durch die Wüste erreichten Alexander und seine verbliebenen Soldaten endlich Persepolis, die alte Hauptstadt des Perserreichs mit der prächtigen Residenz des Großkönigs.
Deren Ruinen sind heute eine Touristenattraktion.

hundert Makedonen und Perserinnen. Er selbst verehelicht sich mit zwei weiteren Frauen: Stateira, einer Tochter von Dareios III., und Parysatis, einer Tochter von Artaxerxes III., den Dareios einst vom Thron verdrängt hatte.

323 v. Chr.
Alexander stirbt am 10. Juni in Babylon, vermutlich an der *Malaria tropica*, der auch heute noch viele Menschen, besonders in Afrika, zum Opfer fallen.

Nach Alexanders Tod zerfällt sein Weltreich: Persien, Makedonien, Kleinasien und Ägypten werden unter Alexanders Generälen aufgeteilt.
Über Jahrhunderte jedoch wirkt in den von Alexander eroberten Gebieten Asiens und Afrikas eine Kultur fort, in der sich griechische Einflüsse mit den örtlichen Kunstformen mischten: der Hellenismus.

So ritt man zur Zeit Alexanders.
Steigbügel waren im Altertum unbekannt.

Woher wir von Alexander wissen

Alexander der Große hat mich immer schon interessiert, und so habe ich alles gesammelt, was ich über ihn finden konnte: Bilder, Texte, Landkarten seiner Kriegszüge. Es ist leicht, Auskünfte über ihn und seine Zeit zu gewinnen. Man klickt im Internet Begriffe, Namen und Orte an und kann sich alles herunterladen und ausdrucken, was man wissen will.

Ich habe mir anfangs vor allem Geschichts-Atlanten angesehen, etwa den klassischen *Historischen Schulatlas* von Putzger, eine steinalte Ausgabe von 1910 (Verlag Velhagen & Klasing, Bielefeld), weil in ihm die Gebirge, Wüsten und Flussläufe besonders deutlich zu sehen sind. Natürlich gibt es auch modernere Hilfen, so *Westermanns großer Atlas zur Geschichte* (Westermann Verlag, Braunschweig 1965 – also auch nicht mehr ganz neu).

Auch Filmregisseure waren vom Leben Alexanders begeistert. Oliver Stone hat 2004 einen Film über ihn vollendet. Aufregend ging es zuvor auch schon in Robert Rossons Film *Alexander der Große* aus dem Jahr 1955 zu. Weniger pompös, aber dafür sehr informativ finde ich eine BBC-Produktion aus dem Jahr 2005: *Alexander der Große. Das Leben des Eroberers*. Der Dokumentarfilm (Eagle Media) zeigt den Verlauf von Schlachten in 3D-Projektionen und kann – wie die genannten Spielfilme – zum Preis einer Kinokarte ins eigene Wohnzimmer geholt werden.

Alexander der Große wurde auf seinen Feldzügen von Kriegsberichterstattern begleitet, die alles festhielten, was geschah. Der Historiker Plutarch schrieb spannend über den Helden und konnte sogar davon berichten, wie gut Alexander roch und warum – nachzulesen in dem kleinen Bändchen *Alexander* (Reclam Verlag,

Stuttgart 1980). Bücher über Alexander füllen bis heute sicher eine ganze Bücherei mit Hunderten von Bänden und Tausenden von Seiten. Interessant werden sie durch ihre Nähe oder auch Ferne zum Helden. Westliche Verfasser und orientalische Geschichtsschreiber haben über Alexander berichtet. Im 3. Jahrhundert nach Christus schrieb ein unbekannter Autor einen phantastischen *Alexanderroman*, in dem der Titelheld, von einem Adler getragen, im Korb zum Himmel aufsteigt und in einer Glasglocke auf den Grund des Meeres hinabsinkt. Und bis heute erkunden Historiker weiterhin die verfügbaren Quellen und Zeugnisse von damaligen Zeitgenossen. Dirk Husemann war in drei Erdteilen auf Spurensuche nach dem *Mythos Alexandergrab* (Verlag Thorbecke, Ostfildern 2006).

Bilder sowie Ausstellungen und dazugehörige Kataloge haben mir sehr bei meiner Arbeit geholfen. Das Museum für antike Schiffahrt in Mainz zeigte 1995 in großen Modellen und Nachbauten, was die Römer aus den Erfindungen der Hellenen weiterentwickelten. Bei Astrid Nunn habe ich viel Aufregendes über den *Alltag im alten Orient* (Verlag Philipp von Zabern, Mainz 2005) erfahren. In Mannheim wurde 2009 eine umfassende und imponierende Schau *Alexander der Große und die Öffnung der Welt* gezeigt. Dazu gab es einen sehr dicken und schweren Katalog für die Größeren und einen schlanken, leichten für Kinder.

Ich erspare es mir, all die Titel zu nennen, die ich für das vorliegende Buch gelesen habe. Würde ich sie auf die Küchenwaage legen, wiese der Zeiger einige Kilos aus. Unter diesen Büchern waren einige, deren Verfasser und Verfasserinnen Kinder und Jugendliche den großen Alexander haben begleiten lassen. Marina Regina Kaiser mit ihrem Roman *Alexander der Große und die Grenzen der Welt* (Arena Verlag, Würzburg 2007) und Roland Mueller mit *Der Kundschafter des Königs* (Verlag cbj, München 2005) haben solche gelungenen Versuche unternommen.

Von allen Büchern, die ich gelesen habe, ist mir eines besonders in Erinnerung geblieben. Es ist spannend, packend und mit über 700 Seiten ziemlich dick. Schon vor 1877 verfasst, gibt es einen zeitlosen Eindruck von dem, was bedeutende Persönlichkeiten prägt: *Alexander der Große,* die Biographie von Johann Gustav Droysen (der erst 25 Jahre alt war, als er dieses Werk schrieb), zu einem Spottpreis zu kaufen (Insel Taschenbuch, Frankfurt/M. 2004).
Gerade lese ich *Expeditionen auf den Spuren Alexanders des Großen*. Meine Beschäftigung mit diesem Mann ist also noch lange nicht beendet. Und wenn ich Bilder der Stadt Alexandria sehe oder an meine Freunde und Verwandten denke, die Alex oder Alexander denke, weiß ich sicher: Alexander lebt.

Wichtige Namen, Orte und Begriffe

Achill (auch: Achilles)
Der berühmteste Held der griechischen Sagenwelt, Kämpfer während des Trojanischen Krieges, der durch den Trojaner Paris tödlich an seiner einzigen verletzlichen Stelle, der Achillesferse, getroffen wurde

Amon oder Amon-Re
Die höchste ägyptische Gottheit, Herrscher der Sonne, erkennbar an der Doppelkrone, die Unter- und Oberägypten symbolisiert

antik, Antike
Bezeichnung für die alte Geschichte Griechenlands und Roms

Athen
Hauptstadt von Attika, im Altertum geistiges Zentrum mit den besten Philosophen, Dichtern, Künstlern ihrer Zeit. Das bedeutendste Bauwerk Athens, die Akropolis mit dem Haupttempel des Parthenon, ist bis heute erhalten.

Babylon
Wurde schon um 3000 vor Chr. von den Sumerern gegründet. Die am Fluss Tigris gelegene Hauptstadt des Zweistromlands zwischen Euphrat und Tigris hatte prächtige Tempeltürme, „Hängende Gärten" und reich geschmückte Stadtmauern mit hohen Toren. In Babylon soll auch der aus der Bibel bekannte, himmelstürmende Turmbau stattgefunden haben.

Bireme
„Zweiruderer“, antikes Kriegsschiff, das Ruderer auf zwei Bankreihen vorwärts bewegen

Harem
(arabisch: „verboten“) abgesonderter Bereich eines orientalischen Herrscherpalastes, in dem die Frauen und Kinder eines Großkönigs, Sultans oder Paschas lebten

Hellas, Hellenen
Alte Bezeichnung für Griechenland und seine Bewohner seit dem 8. Jahrhundert v. Chr. Das griechische Festland grenzte im Norden an Makedonien, zur Seeseite an das Ägäische Meer; zu Hellas gehörten neben einander befehdenden Stadtstaaten wie Athen, Theben und Sparta auf der Peloponnes auch eine Vielzahl kleiner Inseln, dazu Teile von Unteritalien, Sizilien, Kreta, Zypern, Rhodos und zahlreiche Städte an den Küsten Kleinasiens.
Die Bewohner von Hellas wurden als Hellenen bezeichnet.

Hellespont
Griechische Bezeichnung für die Dardanellen, neben dem Bosporus eine der Meerengen zwischen Europa und Asien.

Hindukusch
Hochgebirge in Zentralasien, vor allem im heutigen Afghanistan, mit Gipfeln von mehr als 7000 Metern Höhe

Historiker Geschichtswissenschaftler

Hoplit
Mit Lanze, Schwert, Dolch, Schild, Helm, Brustpanzer schwer bewaffneter griechischer Fußsoldat

Ilias
Von Homer verfasste Gesänge über den Trojanischen Krieg

Karawanserei
Eine oft von hohen Mauern geschützte Herberge in der Wüste für Reisende orientalischer Karawanen

Korinthischer Bund
Nach dem für Philipp II. von Makedonien siegreich verlaufenen Krieg gegen die griechischen Teilstaaten gegründet. Korinth war neben Athen die reichste Stadt des alten Griechenland und vor dem Bündnis in zahlreiche innergriechische Kriege verwickelt.

Makedonien
Im Altertum ein kleines, gebirgiges Königtum im nördlichen Griechenland. Alexander erhebt das kleine Land für kurze Zeit zum Mittelpunkt eines Weltreichs.

Odyssee
Die abenteuerliche und lange Seefahrt des Odysseus, die Homer beschreibt

Okeanos
Nach antiker Auffassung das Meer am Rand der Welt

Orakel
Bei dem berühmtesten Orakel, dem von Delphi in Griechenland, sagte die Priesterin Pythia in einer Art Rausch die Zukunft voraus.

Rekrut
Junger, in Ausbildung befindlicher Soldat.

Seher
Menschen, denen besondere magische Kräfte zugeschrieben wurden und die aus dem Vogelflug, aus den Eingeweiden von Tieren oder aus Knochen die Zukunft oder das Schicksal anderer lesen konnten

Sparta
In der Antike Hauptstadt von Lakonien. Bis heute bekannt ist die harte sogenannte „spartanische" Erziehung, nach der damals Kinder ab dem 7. Lebensjahr für kommende Kriege ausgebildet wurden.

Theben
Im alten Griechenland Hauptstadt der Landschaft Böotien

Trireme
Griechisches Kriegsschiff, das von Ruderern auf drei geschickt konstruierten Bankreihen voranbewegt wurde

Zweistromland
Anderer Begriff für Mesopotamien (den heutigen Irak), das fruchtbare Land zwischen Euphrat und Tigris

Bildquellen
S. 4: Alexanderbüste, Louvre, Creative Commons/GNU-Lizenz, Urheber PHGCOM;
S. 6-7: Alexandermosaik, Neapel, Creatice Commons/GNU-Lizenz, Urheber Magrippa;
S. 70: Creative Commons, Foto Rictor Norton;
S. 84: Alexandersarkophag, Istanbul, Creative Commons, Foto Patrickneil;
S. 109: Creative Commons, Foto Elnaz Sarbar

Gestaltung, Litho & Satz:
up designers berlin-wien / Walter Lendl
Druck und Bindung: CPI, Ulm
Printed in Germany

ISBN 978-3-941087-91-0
www.jacobystuart.de

128 Seiten
ISBN 978-3-941087-11-8

Barbara Sichtermann

Wer war **Sophie Scholl?**

»Barbara Sichtermann hat eine Art über Sophie Scholl zu schreiben, die direkt auf die Person hinführt, es wird nicht episch, das heißt, es wird nicht das, was Schüler so hassen. Man muss sich durch diesen Text überhaupt nicht durchquälen, man ist sofort drin.« *Süddeutsche Zeitung*

96 Seiten
ISBN 978-3-941087-09-5

Edmund Jacoby

Wer war **König Artus?**

»Edmund Jacoby, ein ausgewiesener Artus-Freund, hat sich dieses Sujets nun neuerlich angenommen. *Wer war König Artus?* ist eine Handreichung, die auf 88 Seiten knapp und klar eine Lesart der Sage vorlegt, orientiert vor allem an Thomas Malory.«
FAZ

112 Seiten
ISBN 978-3-941087-10-1

Nina Schindler

Wer war **Karl May?**

»Nina Schindler hat über den sächsischen Phantasten ein sorgfältig gemachtes Buch für junge Leute herausgebracht. Sie berichtet erfreulich leichtfüßig vom ›Leben und Streben‹ des begabten Knaben Karl aus dürftigsten Verhältnissen.«
Süddeutsche Zeitung

112 Seiten
ISBN 978-3-941087-13-2

Kirsten John

Wer war **Klaus Störtebeker?**

»Wir haben in Deutschland durchaus auch einen berühmten Seeräuber zu bieten: Klaus Störtebeker. Kirsten John und Stefanie Roth begeben sich in ihrem neuen Buch auf die Spur des Seeräubers und seiner Geschichte.« *Coburger Tageblatt*

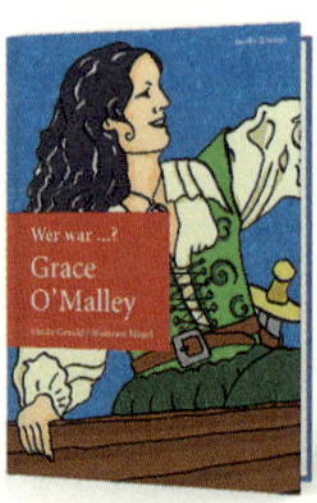

128 Seiten
ISBN 978-3-941087-27-9

Ulrike Gerold / Wolfram Hänel

Wer war **Grace O'Malley?**

Grace O'Malley, die irische Piratenkönigin des 16. Jahrhunderts, war eine unerschrockene Schiffsführerin, die englische Kauffahrer in Angst und Schrecken versetzte und für ihre persönliche Freiheit wie für die Freiheit ihres Clans kämpfte.

112 Seiten
ISBN 978-3-941087-43-9

Nina Schindler

Wer war **Sitting Bull?**

Sitting Bull vom Volk der Lakota war einer der tapfersten Männer seines Volkes. Nina Schindler erzählt lebendig und spannend vom Leben des stolzen Häuptlings, der Siedlern und Soldaten trotzte und am Ende hinterrücks ermordet wurde.

112 Seiten
ISBN 978-3-941087-25-5

Kirsten John

Wer war **Arminius?**

»Ganz pfiffig kombiniert dieses Buch die Geschichte des berühmten Cheruskers, der von seinem Vater zur Ausbildung nach Rom geschickt wird, mit den Sachinformationen über das römische Reich und die rebellischen Germanen.«
Westfälische Nachrichten

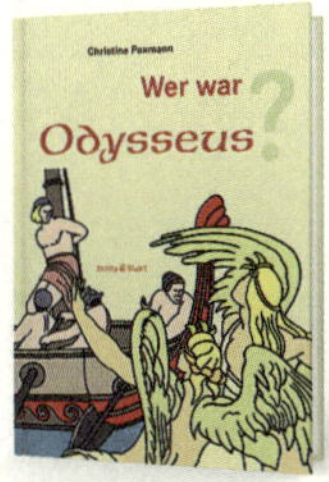

128 Seiten
ISBN 978-3-941087-16-3

Christine Paxmann

Wer war **Odysseus?**

»Wer war Odysseus?« Kluge und spannende Antworten gibt Christine Paxmann in ihrer modernen Biografie des alten Sagenhelden.«
Neues Deutschland

112 Seiten
ISBN 978-3-941087-19-4

Werner Färber

Wer war **Florence Nightingale?**

Florence Nightingale will keine brave Ehefrau werden, sondern selbst entscheiden, was sie aus ihrem Leben macht. Eindringlich schildert Werner Färber, wie ein engagiertes Mädchen zur weltberühmten Pionierin der modernen Krankenpflege wird.

128 Seiten
ISBN 978-3-941087-28-6

Ulrike Gerold / Wolfram Hänel

Wer war **Robin Hood?**

»Ulrike Gerold und Wolfram Hänel erzählen die spannenden Geschichten, die sich um Robin und seinen Kampf gegen den habgierigen Sheriff von Nottingham ranken, wieder neu ... Das ist Dichtung und Wahrheit in einem: sehr gelungen!« *FAZ*

128 Seiten
ISBN 978-3-941087-52-1

Axel Brüggemann

Wer war **Mozart?**

Axel Brüggemann lässt das Klischee vom »Wolferl«, dem »Donnerblitzbub«, hinter sich und zeigt, dass Mozart kein braver Knabe, sondern ein irrer Typ war, ähnlich wie ein Popmusiker von heute, und führt behutsam in die Musik Mozarts ein.

112 Seiten
ISBN 978-3-941087-92-7

Kirsten John

Wer war **Kolumbus?**

Spannend und kindgerecht schildert Kirsten John das abenteuerliche Leben des berühmten Entdeckers, der gegen alle Widerstände vier Reisen in seine neue Welt unternimmt – und im Alter von 55 Jahren in dem festen Glauben stirbt, in Indien gewesen zu sein.